庞巍　杜佐娅◎主编

XINJIANLI DE YANGGUANG ZHISAN

信笺里的阳光

之三

——家长的“教育经”

華中師範大學出版社

新出图证（鄂）字 10 号

图书在版编目（CIP）数据

信笺里的阳光之三．家长的“教育经”/ 庞巍，杜佐娅主编．
—武汉：华中师范大学出版社，2018.5
ISBN 978-7-5622-8231-0

Ⅰ.①信… Ⅱ.①庞… ②杜… Ⅲ.①小学生—家庭教育—文集
Ⅳ.①G782-53

中国版本图书馆 CIP 数据核字（2018）第 089092 号

信笺里的阳光之三

——家长的“教育经”

 庞 巍 杜佐娅 主编

责任编辑： 郭 争 王文琴 **责任校对：** 王 炜 **封面设计：** 胡 灿
编辑室： 高校教材分社 **电话：** 027-67867364
出版发行： 华中师范大学出版社有限责任公司
社址： 湖北省武汉市洪山区珞喻路 152 号 **邮编：** 430079
电话： 027-67861367（发行部） **传真：** 027-67863291
网址： http://press.ccnu.edu.cn **电子信箱：** press@mail.ccnu.edu.cn
印刷： 武汉华工鑫宏印务有限公司 **督印：** 王兴平
开本： 710mm×1000mm 1/16 **印张：** 10
字数： 167 千字 **版次：** 2018 年 5 月第 1 版
印次： 2018 年 5 月第 1 次印刷 **定价：** 20.00 元

欢迎上网查询、购书

序

教育是一门慢的艺术，不可能一蹴而就，这也决定了它必然有一个漫长的成长过程。近几年，体育馆小学在“尚美育人”办学理念的指引下，努力使教育过程的各个要素、环节，都能够以生动的形象蕴涵或展示人自由创造的本质力量，从而使学校教育在引导学生求真、向善、创美的基础上，达到美的境界。在教育实践的过程中，学校一直不急不躁，循序渐进。基于这样的认识，我们出版了《信笺里的阳光》系列丛书。丛书之一，给读者朋友们呈现了寇晓燕校长每月写给家长的一封信，信中她与家长沟通和交流教育中的“小问题”，始终保持着“静待花开”的心态，很好地诠释了一位校长的教育情怀。丛书之二，紧紧围绕“情商”与“搜商”两个时尚的关键词，通过家长与孩子之间亲切而朴实的书信对话，探讨了儿童教育的现代性转向。字里行间传达的是最接地气的做法，流露着原汁原味的真情。

随着社会的飞速发展，如何紧握时代命脉，站在未来的角度培养今天的孩子是学校探索的新课题，因此，丛书之三应运而生。根据寇校长给家长的信中提出的教育主题，整理出十大类：“挫折中前行”“核心能力与核心素养的培养”“互联网时代思维”“家长的榜样”“科学的学习方法”“牵着蜗牛散步静待花开”“我们在同一片蓝天下”“学会养育”“掌握儿童的心理”“正确地评价孩子”。家长们在回信中也分享了自己在教育孩子的过程中一个个鲜活而又充满生命力的事例。

“挫折中前行”——现代社会是一个充满挑战的社会，在这样的社会中，不遭受挫折是不可能的。而挫折有着正面和负面的影响：它既可使人走向成熟、取得成就，也可能破坏个人的前途，关键在于你怎样面对挫折。没有河床的冲刷，便没有钻石的璀璨；没有挫折的考验，也就没有不屈的人格。正因为有挫折，才有勇士与懦夫之分。

“核心能力与核心素养的培养”——教育绝不仅仅是为了获得学科的若干知识和技能，而且要同时指向人的精神、思想情感、思维方式、生活方式和价值观的生成与提升。学科的学习一定要有文化意义、思维意义、价值意义，即人的意义！体育馆小学把阅读能力、思考能力和表达能力看成学生的三大核心能力，也把正确的价值观、科学的思维方式和良好的品格看成学生的三大核心素养。我们的教育要不遗余力地致力于学生的价值引领、思维启迪、品格塑造。

“互联网时代思维”——人工智能时代教育最根本的变化是：不再是为未来职业做准备，而是真正为人的终生发展做准备！这也是体育馆小学尚美学堂的追求：（一）提高学生的认知能力；（二）培养学生独立思考的习惯；（三）倡导学生做有教养的人。要求学生和同伴一起学习时，必须要先独立思考，交流时要有自己独立的见解。我们要用长远的眼光，去规划孩子们的未来。“毕业即失业”的学习有什么用？在学校看来，教授知识点只是学堂中很小的一部分。更重要的是，应该教会学生学会使用工具去学习的一种能力！教育的目的不是学会知识，而是习得一种思维方式——在烦琐无聊的生活中，时刻保持清醒的自我意识，不能是“我”被杂乱、无意识的生活拖着走，而是生活由“我”掌控。

“家长的榜样”——真正拉开人与人之间的差距的，不是智商。在学习道路上，智商只起到20%左右的影响作用，剩下的80%都是后天可以培养和建立的，并影响甚至决定人的一生。作为家长，如果能以身作则，做到自律、高效、坚持，相信孩子看到一个努力的妈妈或者爸爸，他也一定会努力。

“科学的学习方法”——学习的新时代已经来临，我们的孩子们不再是对知识的机械记忆，而是通过学习知识去掌握一定的学习方法，提高自己的学习能力，让自己独立思考，成为更好的自己！未来已呼啸而至，让孩子们学会管理自己的时间，将时间留在美好的事物上。

“牵着蜗牛散步静待花开”——不要和别人家的孩子比，每个孩子都是不同的，要看清和了解自己的孩子。作为家长，要和孩子一起设定长远的和近期的目标，和他一起努力。近期目标达成要及时鼓励，要成为孩子成长路上的“鼓掌人”和“擦汗人”，在这一过程中，着重培养孩子坚强的意志品质。学习，应该顺其自然，像呼吸一样。兴趣要引导，习惯要培养，方法要总结，目标要设定。但一切一切的前提，都应该围绕着孩子目前的状态。坦然面对孩子在生长发育节奏上的快慢差别，归根结蒂还是因为自己对孩子的信心。相信自己的孩子，即使一时落后，也不至于影响整个成长。

“我们在同一片蓝天下”——时代的快速发展，无数信息的诱惑，又有层出不穷的娱乐方式，在很大程度上分散了人们的注意力。这就需要我们有足够的勇气凝神静气，去学做减法。如果一个人能够专注于某件事，身心就会引发一种超然舒缓的喜悦感。因此，我们要认识到孩子有自己的人生，不要让孩子去实现我们的理想，不要过分地为未知去担忧、焦虑。我们要努力摆脱“走神”，在工作和生活中保持一种把握现在、专注当下的能力。只有这样，我们才能拥有发自内心的喜悦。

“学会养育”——小学阶段是基础教育中的基础，基础教育，到底要给我们的学生留下什么？学校非常真切地感受到有两点很重要：一个是方向，一个是动力。一个学生未来的职业方向和人生的方向，必须在大量的选择和尝试的过程中得到一些体验，在这个过程中他不断地去排除些什么，不断地发现真正的自己，明确自己身在何处，要到哪里去。他把这样一条路线扎根在内心的时候，就有了未来人生的方向。有了这样一个选择之后，他同时也会拥有责任。幸福指数下降的第一原因，就在于人们看不到自己的未来，继而心生不安。在信息飞速发展的时期，从物质中获得幸福的时代已经结束，比起金钱和物质，更重要的是要有属于自己的方向和动力。

“掌握儿童的心理”——只有沟通才能知道孩子的内心和需求。我们大多数家长基本上一看到孩子的某些不对就会急于提醒，没有奏效就会批评，甚至动粗。但这样做往往效果不好，那是因为差一个环节：沟通了解。“倾听内心”“倾听孩子的声音”显得尤为重要。

“正确地评价孩子”——我们要明白分数不是评判孩子学习的唯一标准，我们要更多地看到分数背后反映出的问题。比起批评和教训，孩子的成长更需要我们的指引和帮助，多与孩子沟通，共同查漏补缺、共同商讨改进的方向和方法。

亲爱的读者朋友，新的世纪是一个要求更高、竞争更加激烈的世纪，无论对您还是对孩子，都是一种挑战，那么您和孩子都准备好了吗？无论您清楚与否，在培养孩子的过程中，哪怕在方法和态度上稍微做一点点举手之劳的改变，都可能决定孩子终生的成功与幸福，相信您一定会愿意！

孙安多

2018 年 3 月

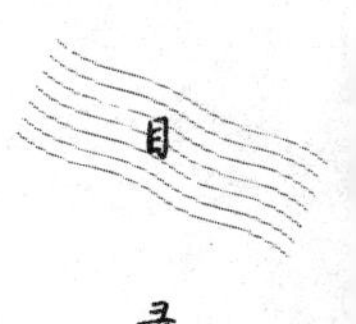

目 录

挫折中前行

核心能力与核心素养的培养

互联网时代思维

家长的榜样

科学的学习方法

牵着蜗牛散步静待花开

我们在同一片蓝天下

学会养育

掌握儿童的心理

正确地评价孩子

挫折中前行

“学会赢”也“学会输”

尊敬的寇校长：

您好！

又是一年9月。孩子和体育馆小学已经共度了第四个9月了！从小小的个头背着大大的书包，上课铃声响起还得老师们到操场上去找人的一年级新生，一年一次升级，突然就到了高年段，成了大孩子了。每年9月在校门口接孩子放学，我都会好怀念暑假前还一直用的那个班级牌子，我都会好想念好想念一整个暑假没见的老师们、同学们。

以前，我一直希望孩子性格大方、自信，经常给孩子争取一些上台锻炼的机会。我以为只要多上台、多锻炼，自然会勇敢又大方。后来，我慢慢又发现，没有准备的上台或者是在准备不充分的前提下上台，不但不会给孩子增加自信的砝码，还会挫败孩子的自尊和积极性。所以，要打有准备的仗，要笨鸟先飞，要预则立，要尽最大的努力……现在，看了您的信，我不禁又想，在我的潜意识里，是否真正想达到的目标就是——“我的孩子不能输！”也许，仅仅是因为孩子一路顺风顺水，我还不曾经受“学会赢”和“学会输”的特别考验。

刚刚过去的一周，班上举行了一次小范围的朗诵比赛，全班分成九组，每周按顺序选五人分别进行朗诵，由大众评委和专家评委打分，选出周冠军，然后周冠军们进行PK，选出本学期冠军，本学期冠军拥有代表本班站在国旗下讲话的机会。正好，龙奕然在第一周的五人小组里。当时，我半开玩笑半认真地问她：“你在这五个人当中PK的话，有把握拿到第几的名次呢？”她想了想说：“最差应该可以拿到倒数第二名。”我说：“好！那我们这次朗诵比赛的目标就是拿下倒数第二名！你自己每天多练习练习吧。”

比赛前一天晚上，我问她：“朗诵练得怎么样了呢？读一遍妈妈先听听看。”

她朗诵的是四年级上册语文课本第二课《语言的魅力》，可是，我怎么都听不出朗诵的那个人就是文中的“诗人”，听不出一丝身临其境的感觉，只觉得这读出来的感情特别虚假。所以，我和她重新讨论了一番，打印了一份朗诵稿，逐字逐句分析，标画重点词语，该停顿、缓慢、延长、快速、读重音、升调、降调，哪里要读出同情而不是施舍，哪里要读出真诚、诚恳，哪里读出欣慰、赞赏、感动……归总两个字，落到“真情”上。

几遍练习之后，她有了明显的进步。我们约定，第二天就以平时练习的水平发挥，一定能斩获倒数第二名！

第二天下午接她放学的时候，她沉默地从人群中走向我，抱住我，只说了两个句子，就泣不成声。我将她的头埋在怀里，掩护她决堤的自尊。我不明白，为什么她获得超过目标名次的成绩，还会哭成这样？后来我终于弄明白，她哭，是因为她觉得那位比她得分高的同学读出来的感情很虚假，而不是因为名次。她说就算自己是最后一名也没关系，但她不认可这种虚假。同时，她也认识到自己有些时候会因为同学们给她加油而有一些紧张，声音会因此而变小，而那位同学的声音的确更洪亮一些。

这一天，我们也一起讨论了周冠军的含义。虽然也许无缘参加后面的PK，但她还是可以根据自己在这次比赛中的不足有针对性地进行训练，不断地完善自己，至少当下一次机会摆在眼前的时候，不是后悔地叹息，而是牢牢地把握住。机会不是永远留给有准备的人吗？如果余老师后面突然再加一场复活赛，咱们不是还有机会嘛！

学生时代某一次小小的比赛成绩，放到孩子漫长的一生当中来看，不过是千万次考验中的一次，名次不会永远伴随着孩子闪耀光芒，而从中获得的经验与能力，却能一直陪伴着孩子，帮助她做人生的选择、挑人生的大梁！

敬颂

秋安！

四（2）班　龙奕然家长

2015 年 9 月 16 日

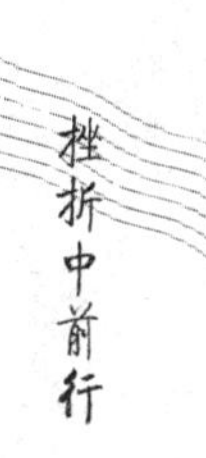

不输自信

各位老师好！

这是开学后收到的第一封来信，老师在信中提到了中外孩子对待输赢上的不同态度，让我想起了曾经看过的一档电视节目，两个同样10岁左右的孩子参加《最强大脑》的比赛，当外国孩子领先一局的时候，中国孩子当场崩溃，哭得稀里哗啦，而那个外国孩子在旁边满脸疑惑，可能他会觉得：你为什么要哭呢？比赛还没有结束呀！虽然最后仍是中国队赢了，但是当时给人的感觉是，我们输了，输在了没有自信，输在了不能勇敢面对失败。在现实中，每一个人的生活道路都不可能总是一条宽阔、平坦的大道，而是布满坎坷与荆棘。坎坷在每个人的生活中都存在着，只不过或大或小罢了，它们就是我们平时所遭受的挫折。

都说现在是一个“拼爹”“拼妈”的时代，所有的家长都不希望自己的孩子输在起跑线上，他们往往选择让孩子学习各种课程，希望孩子能在班上表现优秀，但是，不是所有的孩子都适合这样的方法，有的孩子本来就属于慢热型，很多东西难以吸收，而这个时候，家长就会用打、骂的方式来对待孩子，让孩子更加失去了学习的信心。其实这个时候，我个人更加赞同老师说的，孩子课前要做好预习，课上认真听讲，课后认真完成作业，而家长则需要做好陪同，陪孩子一起学、一起玩、一起成长，而不是将孩子完全扔给老师，毕竟每个老师面对孩子的时间是有限的。我也知道，中外教育这个状况不是一天两天就会得到转变的，但只要我们现在每天做一点，每天改变一点，相信在不久的将来，我们的孩子也会像外国的孩子一样，快乐地学习，快乐地成长。

此致

敬礼！

三（1）班李泽睿家长　陈婕

2015年9月16日晚

挫折孕育成功

尊敬的寇校长：

您好！每次我们收到您的来信都会反复研读，它引导着我们在孩子的教育历程中进步和提升，更是对我们现有的教育思想的深刻思考和总结。

德国著名教育专家舒马赫认为：给孩子多多提供尝试的机会也是实施挫折教育的有机组成部分。孩子一旦被剥夺了尝试的机会，也就等于被剥夺了犯错误和改正错误的机会，因此也不可能迈向成功之路。在生活中，我们经常通过爬山、游泳等体育项目来增强孩子的抗挫能力。在登山的过程中，我们不断鼓励孩子挑战自我，不轻言放弃；当孩子在游泳训练中遇到困难时，我们用行动告诉孩子办法总比困难多，坚持就是胜利；面对孩子犯错时，我们保持积极乐观的心态，舍得让孩子经历挫折，并懂得有勇气承担错误，努力做一个健康的阳光少年。

孩子在学习中也会面临各式各样的挑战，比如孩子会面对难题不自信和害怕，我们一起分析发现，根本原因是没有掌握解决此类问题的基本方法。所以针对这种情况，我们要求孩子通过练习和巩固课堂上老师传授的方法，学会举一反三，灵活地运用知识，同时也注意在家辅导孩子的时候，不能急于将答案告诉孩子，而要有意识地将题目分成几个步骤进行，让孩子一步步完成，及时给予孩子肯定。例如题目“百变不离其宗”，掌握了方法，就能将难题转变为做过的、熟悉的题目，这个从“不会”到“会”的努力过程，伴随着孩子愉快的情绪体验，促使她产生进一步学习的愿望，对难题消除恐惧感。渐渐地，孩子在遇到各类难题时，内心就有了敢于尝试的力量。

孩子的成长之路就如春夏秋冬，万物复苏的春天只有经历了夏的酷热和冬的冰雪，才能收获秋的累累硕果。坚持做正确的事，我们就有信心在孩子的成长道路上走得越来越顺畅。

祝

身体健康，工作顺利！

三（3）班江美亚家长　魏超

2015 年 9 月 16 日

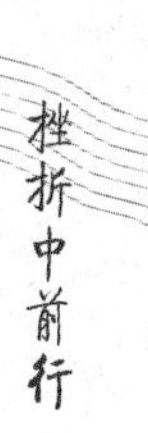

教会孩子"输"

敬爱的寇校长：

您好！

九月的金秋，气候宜人，瓜果飘香，是收获的季节。转眼间，已开学近半个月，孩子已经是五年级的学生了，时间过得真快，在不知不觉中已收到您第38封来信。每封来信我都会认真阅读，从中吸取知识与营养，不断地充实自己，完善自我。这些教育理念、心得体会、经验交流是那样的宝贵，您都毫不吝啬地分享给我们，我们非常受用，十分感激。

今天的来信，让我感触很深，领悟颇多，提笔与您互动交流一下。记得在2012年伦敦奥运会上，有记者问："体育如何影响一代人?"伦敦奥组委的一位官员回答："体育教会孩子们如何去赢，同时教会孩子们如何体面并且有尊严地'输'。"当下是一个成功学泛滥的时代。教会孩子"输"，这是中国人很缺乏的一种教育。在我们的教育体系中，孩子从小到大，什么时候学习过如何体面并且有尊严地"输"?

回头看中国历史，有无数的历史人物，之所以伟大，是因为失败，而不是因为成功。

项羽是成功者吗？作为一个男人，一个将领，项羽已经失败到无以复加的地步了吧，但他仍然以英雄的形象，存留于中国的戏剧故事和百姓谈论当中。

林则徐的人生成功吗？大家只记住了他成功的那一点——虎门销烟，但却不知道在很多"妥协派"的压力之下，一年之后林则徐被革职。从当时的官场角度来说，他成功吗？一点儿也不。

失败的意义比成功大，或者说有一种成功必须是以失败作为助推力的。

挫折与失败原本就是变革的机会。要知道，人在胜利的时候是不必做决定的。但在失败的时候要做决定，胜者不变，败者变。

我很喜欢这种书信互动的交流方式，希望能一直坚持下去。您在百忙之中抽出时间给我们每位家长写信，用您朴实的语言，真挚的情感和对教育的执着，为我们诉说孩子学习、成长道路上一个个发人深省的道理与感悟。我很感动！

此致

敬礼！

五（2）班宋歌家长 谢玥

2015 年 9 月 16 日

乐观对抗逆境

寇校长：

您好！

我曾经看过一些关于以色列教育的书。在以色列，教育专家很推崇一个概念——“逆商”，“逆商”也叫“挫折商”。以色列商业杂志每年都会报道当年最伟大的东山再起者和创业者，他们的传奇经历中有一个相同的部分，那就是他们在遇到强大的困难和逆境时始终保持乐观的态度，从不轻言放弃。也就是说他们都具有“高逆商”。

以色列家长很重视从小培养孩子的逆商，有些教育机构甚至还专门提供逆商测验。一般考查四个关键的因素——控制、归属、延伸和忍耐。比如控制感弱的孩子在测试中经常说：“我无能为力。”控制感强的孩子则会说：“虽然很难，但这不算什么，一定有办法。”有专家对参加测试的孩子进行跟踪研究，发现高逆商的孩子长大后往往能够清楚地认识到使自己陷入逆境的起因，并甘愿承担一切责任，能够及时地采取有效行动，痛定思痛，在跌倒处再次爬起！

以下是《以色列对孩子的“逆商”训练法》，我结合自身的一些想法，同大家一起学习。

（1）帮助孩子正确认识挫折。可以引导孩子多读一些伟人传记。书读得多了，他们就会感觉到人生的过程就是不断战胜困难、战胜挫折的过程。和伟人比起来，他们的挫折，真的像在公园里划船时遇到一点小浪。

（2）适当设置一些困难，让孩子体验挫折。作为家长要故意藏起一只手，适当地让孩子在莽撞中吃点苦头，切身体验一下。

这里我突然想起我和儿子下棋和打羽毛球的时候，尽量不让着他，让他知道有输有赢很正常，可以锻炼他承受输局产生的压力。

（3）教会孩子对待挫折的方法，和孩子一起分析挫折的原因。教育孩子不是把“挫败别人”当做目标，而是把自己作为竞争对手，今天的我要胜过昨天的自己，让孩子为不输给自己而努力。

（4）应为孩子提供获得成功的机会。掌握基本的知识和技能。知识和技能的匮乏常常是孩子产生挫败感的直接因素。如果孩子是这种情况，那就手把手地教他知识和技能，让他产生成就感，建立自信心。

现今，大多数家庭都会为孩子报各种兴趣班，美术、书法、钢琴、足球、合唱、舞蹈……都是为了让孩子能够有自己的技能和特长，增强自信心。自信自强的孩子，成功的机会一定比较多！

（5）合理运用心理防卫机制。有些挫折的产生无法通过个人的主观努力来阻挡、回避。对待它们，我们要教孩子合理运用一些心理防卫机制来保持健康的心理状态。

（6）让孩子了解挫折和成功的关系。遇到挫折并不意味着失败，没有挫折也不一定就是成功，教会孩子正确对待失败与成功。

我就常常告诉儿子：“一时的失败并不算什么，只要找到原因，下次成功就会属于你。”

这学期马上要期末考试了，但儿子最近的几次测试成绩并不理想，应该说严重后退了，分数下滑了十来分。卷子发回，家长是要签字的。阿宗很沮丧，偷偷地告诉我，他最近的考试都考砸了，只有80多分。越是这个时候，我越是会开导他：“儿子，没有关系，这两次考试确实没有达到你的分数要求，出错的题目有你不会的，也有一些是马虎造成的。我们好好分析一下各题，不会做的，我们一起把它们弄懂就可以了，还有就是以后一定要专心听课，但由于自己不细心出现的错误，你以后怎么做呢？妈妈希望你好好反思在卷子上，然后妈妈签字，好吗？”儿子终于眉开眼笑：“好的，谢谢妈妈。”之后的一个周末，我在家里给他做了一份测试卷，儿子高兴地说：“失败只是一时的，我的好成绩又回来了。”

（7）家长可以常和孩子分享父母成功与失败的经验，让他们知道即使是父母也有失败的时候。家长不要总是觉得孩子小，其实和孩子讨论自己处理失败的方式及心路历程，会让孩子更了解父母，也更能思考成功与失败的意义。

其实我经常会和儿子交流彼此的想法，儿子也会把他的成功经验分享给我。

有一个周末的早上醒来，我不开心，因为做了一个有些恐怖的梦。

儿子问我是什么梦，我大略地跟他讲了一下，他先是有点怕，但还是不停地问其中的细节。我问他："你不怕做不好的梦吗?"儿子回答："我有时也会做一些比较不安的梦，但我有一个好办法，心里默念：离开这儿，去妈妈身边。然后我就真的马上在妈妈身边了，其他的都消失了。妈妈你以后做梦就学我这个好办法，保证就不怕了!"多乐观又有办法的孩子!

(8) 父母应着意培养孩子应付困境、逆境的能力。要是孩子一时还无法摆脱困境，还可以教育孩子学会忍耐，或在逆境降临之时寻求另外的精神寄托，如参加运动、游戏、聊天等等。

此致

敬礼!

三 (3) 班林德宗家长　黄琦

你是最棒的

寇校长：

您好！

九月的骄阳洒在学校的大门上，看着我的孩子欢快地走进校园，我就想起了一年级的她，事事都需要老师和家长的叮嘱。孩子今天三年级了，很多事情自己知道主动去做，并且知道哪些应该做，哪些是不能做的。她成长了很多，也进步了很多。

三年级了，很多家长会说，不能让孩子输在起跑线上，每个家长也盼望着自己的孩子样样都强，不能输。然而我们的初衷是什么？希望孩子优秀没有错，只是不能让孩子一味向前冲，在前进的道路上也要时常回头看看自己的足迹。有成功就有失败，有赢也会有输。没有别人优秀不可怕，知道自己和别人的距离，努力，就会追上并超越。你追我赶的过程也是学习的过程。

从孩子出生到上学，我一直都希望她快乐地生活、学习。一个人不论在什么环境下都能够处于快乐的氛围中，那么她就充满正能量，不怕困难，也可以勇敢面对困难。女儿一向胆小。我记得有次班上要选清洁委员，老师说同学们可以自己报名，她很想当选，又不敢推荐自己，回来告诉我。我故意问："菲儿，清洁委员可不是一个好差事，就是一个做卫生的，你也想当？""妈妈，你知道我最喜欢干净的环境了，把教室打扫干净，同学们坐在漂亮的教室里上课多舒服啊！而且我喜欢做卫生，怎么能说当清洁委员不好呢？"孩子还撇着小嘴。我高兴地对她说："对，妈妈非常支持你去争当清洁委员，就凭你刚才说的这番话，相信一定可以做好。孩子，大胆地去争取并且告诉老师和同学们。"第二天放学，孩子开心地告诉我如愿以偿了，我也祝贺她。孩子的每一点进步，我都会去鼓励和表扬。现在，在老师的肯定和同学们的帮助下，她越来越自信了。在学习和生活中遇到不对的地方，我就会及时告诉她："让你改正，孩子，我并不是要找你的错。我是要告诉你：错了，是什么原因，以后不再出错，应该怎么做。"所以，校长的这封信，让我深有感触，提醒了我，任何时候都有赢有输，赢了，不能沾沾自喜；输了，不能一蹶不振，要爬起来，继续向前进。

三年级是一个转折点，更是一个新的起点，我们要一步一个脚印扎实向前！希望我们共同努力，让孩子们更加快乐、健康地成长！

此致

敬礼！

三（1）班朱晗菲家长　韩小萍

2015 年 9 月 16 日

世界以痛吻我，我要报之以歌
——我的真实的故事

尊敬的校长：

您好！每次读到您的来信，我都很有感触。这次谈话的话题是“输”而不是赢，让我们家长开始意识到挫折教育的重要性。让我们开始反思自己焦虑背后是自己输不起的问题。

每个人都渴望成功，大家都在提倡“不要输在起跑线上”，在匆忙追逐成功的道路上忽略了生命过程的美妙。孩子们被逼着学这学那，学习的乐趣没有了，孩子们苦不堪言，家长也是有苦说不出。其实问题出在我们家长身上，我们忽视了生命成长的过程，忽视了生活教育的本质，忽视了比成功更重要的心态、品质和毅力。就像《牵着一只蜗牛去散步》那首诗带给我们的启发一样，忙碌的家长们在盲目地追逐成功，是否该停下脚步倾听倾听孩子内心的声音？孩子一直在向我们展示生命中最初最美好的一面，我们是否应该陪着孩子静静体味生活的滋味？既然是真实的生活，挫折是必须要面对和学习的一课啊！

时代在进步，可是近年来学生们的抗压能力和直面承受挫折的能力却令人担忧。孩子毕竟是弱势群体，他们在成长的过程中被过分地保护，温室中的花朵，怎能经历风吹雨打？所以挫折教育，必须从小开始。其实孩子的生活中不缺的是挫折，缺少的是家长对孩子点点滴滴的引导。家庭教育的成败才是孩子一生的基石，我们家长任重而道远！

孩子的一生能够遇到一个好校长、一个好老师也是孩子的幸运。刘老师最近开展的班干部竞选活动，对孩子是一个很好的锻炼。谁都想竞选成功，但很多同学失败了，刘老师引导我们家长帮助孩子们面对失败，孩子们在一次次体验当中考验着自己的心态，发现自身的不足，不断成长与进步，这是一次多好的挫折教育啊！

我要讲一个真实的故事，它发生在体育馆小学，是我曾经犯过的一个错误。竞选班干部活动是刘莉萍老师每学期举行的一个活动。二年级时小孩都想能为班集体出一份力，积极性非常高，大家都踊跃地报名。

竞选前孩子在家里一遍遍复习竞选台词，出于好心，我在幕后操纵着一切，从选什么干部到怎么写竞选台词，再到怎么应对失败。我在家里用信封装了七八篇竞选稿，让孩子一个个竞选，这一个班干部竞选失败就再试另一个，总想让孩子获得成功，正因为作为家长的我惧怕失败，所以自己选择逃避而让孩子面对失败。那一次孩子经过两次失败后终于在第三次竞选宣传委员中成功了，看到孩子回家高兴的笑容，我也像打了胜仗似的开心不已。这种“成功”却使孩子错过了一次绝好的挫折教育和自我成长的机会。可是到了三年级，竞选班干部活动开始时，在我完全放手的情况下孩子在一次又一次的竞选中失败，他锲而不舍地参与了失败后的每一个职位竞选，过去我的包办使孩子都不会思考自己适合什么职位，失败了该怎么反思和努力。他只知道一遍一遍地去竞选，由于支持率不高，最终还是落选了。这次的失败给了孩子一个不小的打击，但失败和挫折是孩了成长必需的，在挫折中孩子学到了很多很多。我们家长也在反思。孩子小时候，正因为我们不相信孩子，不敢放手，使孩子失去了一次次成长的机会；现在就让挫折自然而然地来吧！我们应该在这次活动中教会孩子认真思考自己的长处，积极主动地选择适合自己的职位，而不应该盲目地争输赢，面对孩子的落选应该让孩子总结自己在哪方面做得不好，如何积极地改善自我、努力提高自我，争取在下一次竞选中获得成功。实际上二年级由家长代劳竞选而没做的功课，现在还是补上了这一课。

挫折不能逃避，只能面对，人为地剥夺挫折是不可取的行为。这次经历也给我上了一课，家长正视挫折，勇于面对挫折，努力在挫折中自我完善，才能更好地引导孩子正视挫折，积极应对挫折，从挫折中学到知识，吃一堑，长一智。如果家长包办，孩子也就失去了一次学习的机会。给孩子足够的时间去思考和探索，引导孩子总结败因，挫折教育能激发孩子的潜能，能使孩子真正享受成功的喜悦，经历挫折，将来才能更好地适应社会啊！

班主任刘老师敢于尝试，相信孩子，值得我们家长佩服，感谢刘老师抓住每一个教育契机，锻炼孩子们，我们家长也要向刘老师学习，敢于放手，相信孩子，让孩子在生活中锻炼自己，在失败中磨炼自己，在挫折后发现光明，在“输”的时候收获美好。我要再一次感谢教学一线的园丁们，是你们辛苦的劳动，帮助孩子们一天天进步，感谢有你们的陪伴，孩子们享受着幸福快乐的童年！

此致

敬礼！

三（2）班　肖乐遥家长

2015 年 9 月 16 日

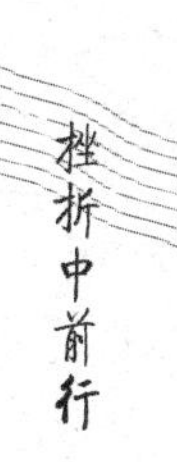

用心去感受孩子的成长

尊敬的寇校长及各位老师：

你们好！

很高兴在新学期开学不久，就收到了您的第38封来信。当孩子经过了两个月的暑假，再次踏入校园时，我看到了他脸上的喜悦，和孩子对学校及各位老师的喜爱，我发自内心地感谢老师对孩子的悉心教导和爱护。

自开学以来，孩子的各项学习状态不太稳定，有时连最简单、最基础的题目也会做错，为此，我动手打了孩子，可是效果并不明显。对此，我一直在反思。无意间，我在书柜里翻到了一本书，书名叫作《为孩子做出1%的改变——从自然型父母到智慧型家长》。书上有一句话让我受益匪浅："没有教不好的孩子，只有教不好的家长。"

我想：真的是自己的教育方式出了问题？仔细反思，的确，我太想要孩子优秀了，总以为"成功就是幸福"，可是我错了，孩子的成长是有个过程的，越是严格、苛刻地要求孩子，他会在学习的过程中越来越累，直到彻底厌学。

作为家长，我们其实是孩子生命中最重要的老师，一次、两次的考试失误，并不能代表孩子的能力不足，我们应该把眼光放得更长远一些，让孩子真正懂得如何去学习，如何去面对失败，如何解决学习中不明白的问题。当我自己的内心冷静下来，用心去感受孩子的成长时，孩子就不会那么急躁了，一切也随之改变。

很感谢老师们在如何教育孩子方面，给予我们家长宝贵建议，我们会重新审视自己的教育观，陪着孩子一起慢慢成长，让他真正成为一个身心健康、积极向上的人。

祝各位老师生活、学习愉快！

五（3）班　李英睿家长

2015年9月16日

有尊严的“输”

尊敬的寇校长：

您好！

很高兴与您一起探讨“有尊严的‘输’”这个话题！这个话题很特别，可以让孩子们从小就学会必须面对和承受任何可能发生的局面和结果，锻炼和提高了孩子们的能力，增强了孩子们的认知水平，开阔了孩子们的视野，有利于孩子们的身心健康成长。

我的孩子从小就成长在一个单亲家庭，坎坷的经历和不断变化的生活环境让他多了自卑，多了自闭。但他是个聪明机灵的孩子！我经常启发和告诉他：你是最棒的！以此来增强他的自信。现在他改变了很多。和其他孩子一样，他是一个充满阳光和自信、活泼、热爱团队、热心帮助他人的好学生、男子汉！

记得有一次他的作业没有按时完成，第二天早上又要上学，他准备抄答案，我叫他停下来，告诉他：“老师布置作业，是为了加强练习和了解学生真正的知识掌握程度。你抄袭，看起来作业是完成了，你真正懂不懂？自己不清楚，这是欺骗自己；老师不清楚，这是欺骗老师。”我问他：“这样对不对？”他懂事地回答：“这是错误的！我以后再也不会犯这样的错误了。”自从这件事以后，哪怕是作业没有做完，他也不会抄袭。

总之，生活中的点点滴滴都能影响他的成长。作为家长，发现了问题的苗头，要及时提醒、告诫，动之以情，晓之以理，耐心、细心地加以引导，让他真正体会。

每时每刻都提醒他真实、真诚的重要性，不断地告诫他：做一个真实的自己，比虚假的你强一万倍！胜不骄，败不馁！只有真实和真诚才能除尽内心的灰尘和黑暗，才能从容地度过自己的每一天，才能享受快乐，才能面对和战胜一切伤悲！在以后的人生道路上，无论成功与否，相信他都会积极勇敢、不骄不躁、沉着稳定地从容面对！

此致

敬礼！

五（4）班徐阳家长　徐桂枝

2018年1月26日

核心能力与核心素养的培养

如何培养孩子的独立思考能力

尊敬的校长：

您好！您的这封信让我感受颇深。

如何培养孩子独立思考能力？我个人有几种方法：

方法一：不要直接告诉孩子问题的答案。

孩子年龄小，遇到疑难问题时，总是希望得到父母的帮助，想直接得到答案。这时父母不要助长孩子的这种习惯，不要立即就给孩子一个直接的或确定的答案。否则时间长了，孩子会对父母产生依赖心理，不会自己动脑思考，也就难以养成独立思考的习惯，这对提高孩子的智力水平和思考能力都是没有好处的。

聪明的父母面对孩子的问题时，不是告诉孩子答案，而是教给孩子解决问题的方法，让孩子从中学会独立思考。孩子在寻找答案的过程中，锻炼了自己的思考能力，积累了经验，当找到解决问题的答案时，会充满成就感，思维能力也相应得到提高。

如果孩子暂时无法独立解决问题，父母可以示范，通过查阅资料、反复思考等方法，让孩子学习思考的方法，这对培养孩子独立思考问题的能力非常有益。

方法二：主动提出问题和孩子一起讨论。

问题是思考的起点。孩子小时候，脑子里会有很多问题，当孩子提出问题时，父母要和孩子一起讨论，耐心地向孩子解释，父母积极地帮孩子解决问题，孩子就会提出更多的问题。父母也可以经常给孩子提出一些问题，让孩子的大脑经常处于活跃状态，通过这种方式来锻炼孩子的思维能力。父母要让孩子学会主动思考，就要从为孩子提出问题入手，父母的问题可以激发孩子的兴趣，孩子会为了找到问题的答案不断思考。

在培养孩子思考问题的过程中，父母要善于提出开放性的题目，还可以用如何解决突发事件等类似问题来引导孩子思考。父母利用这样的方法，可以让孩子从全面和新颖的角度思考，让孩子勇于突破常规的想法，提出自己独到的见解。

方法三：鼓励孩子发表自己的意见。

父母要给孩子创设民主和谐的家庭氛围，孩子在这样的家庭环境中，才会有活跃的思维，敢于发表自己的意见。在压抑的环境中成长的孩子，不容易有自己的意见和看法，思想会受到父母的左右，只会盲从附和父母的意见，这样会影响孩子思考能力的发展。

父母应鼓励孩子有自己的见解，在孩子发表意见时，即使是错误的，也要让孩子说完，然后再给予适当的指导。对于孩子的正确意见，父母应该积极肯定和表扬，增加孩子主动表达的自信心。很多孩子不敢大胆说出自己的想法，怕说得不恰当，会受到父母的责备。而敢于说出自己的想法，和平时鼓励孩子勇于发表意见是分不开的。孩子发表自己的意见，调动自己的思维能力，用合适的方法将自己的想法告诉他人，这是孩子独立思考能力的重要体现，因为孩子会对自己的问题和表达方法进行缜密的思考。

方法四：对孩子讲一些益智类故事。

益智类的故事和资料很多，真人真事和寓言故事都有涉及。父母通过给孩子讲这些故事，互相讨论感兴趣的话题，对培养孩子的思维能力也是大有裨益的。

方法五：和孩子玩一些益智类游戏。

生活是教育孩子最好的课堂。生活中，孩子一般都喜欢游戏，如果父母在游戏中注入益智因素，就可以促进孩子思维力的发展。父母经常和孩子玩一些益智类游戏，既能沟通亲子感情，又可促进孩子思考能力的发展。如父母利用节假日，举行一些智力竞赛之类的游戏，可以邀请孩子的一些朋友一起参加。在游戏中，父母要教孩子学会思考，运用推理、比较、概括的方法，去促进思维的发展。要鼓励孩子多动手、多动口，全面促进和训练孩子的思维。

方法六：允许孩子标新立异。

孩子有新奇的想法，父母不要否定孩子，要允许孩子标新立异，因为标新立异是培养思考能力的重要表现。如果不破除常规，当遇到难以解决的问题时，父母要引导孩子换种考虑问题的思路和角度，经过合理的分析和整理、归纳，设想新颖的解决问题的方法，这对于提高孩子的思维能力很有帮助。

孩子的主见比智力更重要。独立思考能力是优秀人才必备的素质之一，让孩子学会独立思考，就必须给孩子独立做决定、自己做事的权利。

三（4）班黄琸雅家长　王颖

2016 年 5 月 1 日

学以致用

寇校长：

您好！看到您的信，我感受最深的就是“学习是要为人的终生发展而准备!”中国的应试教育几十年了，有利有弊，不是三言两语可以概括的。近十几年，社会翻天覆地地变化，“学习机器”早已不是社会需求，高学历、低智力的书虫早已被淘汰，各行各业的专业人才才是社会的根本。而许许多多的知识也不仅仅是书本上带来的。可喜的是我们的教育行业在老师们的努力下已悄然发生巨大的变化。

老师们把“学以为己”的理念提倡给我们，让我们家长也更加了解到教育不仅仅是学习，而是怎样学，怎样学以致用。学校教育变化很大，也越来越重视体能、素质、专业技能等各方面。近期开的各种兴趣培训、体育特色班等，让孩子们通过尝试接触产生爱好，让爱好产生一技之长，学以致用，这也是为日后成长探索方向。

说到学以致用，生活中有许多的小事，小孩子的表现很让人惊喜，比如数学纯加减的算术题他不怎么爱算，速度也慢，但是如果给他钱去买东西，他就能快速地算出找零；下雨闪电的时候他居然也一本正经地告诉我，为什么我们能先看到闪电，后听到雷声，那是因为光的传播速度比声音的传播速度快；有一次收衣服，衣服晾得太高，我取不下来，苦找旁边能垫脚的东西，他马上出一个主意，让我抱着他，两个人的身高就取下来了，还告诉我说这是两个加数相加，和比其中的一个加数大。这些点滴的小事情，让我感觉到小孩子的潜力是无穷的。还有很多也等待着我们做家长的去引导和开发。

作为一个很普通的家长，时时会感到自责和内疚，自己好像没有什么东西能教给孩子，看了这封信以后，那就教孩子“用心地，带着思考去学习吧”。以后我们要注意的不仅仅是成绩，而在各方各面，特别是要培养小孩子的自我意识，让学到的知识能为他自己服务。

再次真心地感谢各位老师！我的孩子很平凡，但他在老师们的帮助下得到了更好的成长！

二（1）班　周瑞熙家长

2017 年 11 月 13 日

独立思考，合作交流

寇校长：

您好！感谢您在繁忙的工作中并且生病的情况下，还时刻关心着我们的孩子，也真的如您所说，我们在期待您的来信！

您的每次来信都能开启我教育孩子的新思路和方法。现在的孩子都有自己的独立的个性，被宠得很厉害，很多的学习和生活习惯都需要老师和家长来引导。二年级孩子的学习重点我个人感觉是在为以后的学习奠定基础，数学方面，孩子正在学习简单的几何图形和应用题，这都是以后学习的难点。语文也正在学习阅读和看图写话，虽然现在没有感觉到孩子学习的大进步，但是我也看到了她的学习态度的转变，从原来的只要看图写话就哭，到现在能把一篇看图写话简单写下来，还能用一些形容词来描写；虽然文笔非常稚嫩，但我知道她已经在进步了。

现在的家庭作业我们尽量让她自己独立完成，会让她将错题抄在错题本上，并把错题分析讲给我们听，就算讲得不对我们也会鼓励她，然后家长再讲解给她听。这样她才会印象深刻，减少对家长的依赖，有自己的思维方式。

我们经常会和一些家长朋友在一起聊天，虽然孩子们不在一个学校上学，但我们会经常交流各个老师分享的好的教育方法，那些家长朋友非常认可本班老师要求的词语积累和坚持课外阅读。他们的孩子从一年级跟我们的孩子一起坚持，现在就比班上其他同学的词汇量大很多。我们都知道如果孩子的理解能力强，词汇量大，这无疑对语文的学习有很大的帮助。

我们的老师教的是好的学习方法和自我学习的能力，而不是纠结于某个知识点的问题。真幸运能遇到这样的良师！我也深信，掌握了好的学习方法和习惯，孩子的其他习惯以及人品也不可能差到哪里！

二（1）班　肖紫晗家长

2016年5月1日

思考的力量

寇校长：

您好！

每当收到您的来信，感觉就是一次面对面的亲切交谈。您虽然是老师，但感觉更多的还是作为一位母亲的身份在教育着孩子，所以孩子能轻松愉快地学习。您提到陪着孩子一起慢慢成长，我知道有很多家长都是认同的。虽然还有一部分家长带着孩子东奔西跑在各个补习班之间，我也很能理解作为父母的不易以及孩子的辛苦，可我也并不赞同每天读死书，赶场学习，孩子也要有一个吸收和消化的过程。并且近来听到和看到 些孩子因为学习感到厌学，我就感到后怕，本来学习是 件让人增长知识，自觉去探索和发现的事情。只有在积极的心态下，才能够认真吸收书本中的知识。

在家中，我准备了各种阅读方面的书，让孩子每天去看一点，吸收不同的课外知识，孩子的爷爷奶奶同我们住一起，我们时常会分角色扮演，每个人朗读一段话，孩子也喜欢这样的朗读，朗读中的语调变化有时会让我们哈哈大笑，有时会让我们认真思考。一篇课文后，我们一起讨论谁朗读得更有感情，谁没有抓住作者的心情，文章表达的是什么意思，对我们有什么启发和帮助，让孩子知道每一次阅读都是一次积累，在这个过程中只有思考才能更好地积累，要学会阅读，用心去思考并且把想到的东西表达出来，思考就是你高飞的翅膀。

假期的时候，我们也会外出游玩。不是说读万卷书，行万里路吗？记得有一次参加“援爱行动”去山区看望贫困儿童，当坐了几个小时的车到达山区，孩子看到和她差不多大的山区小朋友穿着破旧的衣服，一双双期盼又兴奋的眼睛迎接着我们，她把准备的书包、书本和手套送到一个个孩子家中。他们一起玩耍，一起看书，后来在返程的途中说的话，我至今记得——“妈妈，我再也不乱花钱了，我要把看过的书都留着，还有那些没有用过的文具盒、书本都要寄给这些小朋友。这么冷那个小朋友还住在窗户上没有玻璃的房子里，还给我看她的奖状，我都想哭了，下次我还要来看她。”听到这些我很欣慰：“孩子，你有一颗善良的心，我们一起努力，怀着感恩的心去帮助更多的人。”

所以，我非常赞同校长的三大核心素养，在日常生活中正确引导孩子，培养崇高的人生观和价值观，丰富孩子的思维方式，且要以严谨的品行去约束自己，以阳光、自信、友爱、感恩的心去面对身边的人和事。

三（1）班朱晗菲家长　韩小萍

2016年5月1日

愿意学习的家长，其孩子也会很棒

尊敬的寇校长：

您好！读完您的来信，收获颇多，其中很多优秀的教育方法和教育理念让我受益匪浅。

您信中说的“愿意学习的家长，其孩子也会很棒”令我深有体会。

记得孩子刚上二年级时字写得歪歪扭扭，很难看，我发现后就连忙去书店给她买了一本字帖，然后每天就像敲钟似的跟孩子说一句：“今天要练字啊!”效果可想而知。痛定思痛后，我给自己也买了一本字帖，每天到了规定的时间我会果断地放下手中的事去练字。有了妈妈的陪伴与影响，孩子变得主动起来，我们一起练字，一起讨论某个字应该怎么写，怎么写好看……既陶冶了情操，又促进了亲子关系，孩子的字也在短短的几个月内突飞猛进，这就说明我们一味地逼迫孩子学这学那，却忽视了我们在教育孩子方面的言传身教，我们总是把着眼点放在孩子身上，却忽视了自己作为榜样的力量！

主持人董卿说过，想要孩子成为什么样的人，自己先去做那样的人，跟孩子共同进步，才是最好的亲子关系。希望我们的孩子能往前走，我们必须先走出舒适区。

教育孩子是我一生的事业，我们的日常有时也会像别人口中说的“不做作业时母慈子孝，做作业时鸡飞狗跳”，我也是第一次做妈妈，我需要学习的东西还非常多，未来的路还很长。学会欣赏孩子、接纳孩子，放低姿态做孩子的朋友，倾听他们的心声，努力经营好自己的家庭，时刻不忘言传身教，这都是我以后努力的方向。

希望通过不断学习后的自己，不再是一个一边为孩子倾其所有，一边在给孩子“伤口上撒盐”的粗暴妈妈！

感谢您的来信，祝您新年快乐，合家幸福！

三（4）班　卢文静家长

2017年12月24日

阅读、思考、表达

尊敬的寇校长：

您好！

我仔细拜读了您的第41封信。在信中您谈及如下教育理念：平心静气按照教育规律，陪伴孩子一同慢慢成长。把阅读能力、思考能力和表达能力看成学生的三大核心能力，把正确的价值观、科学的思维方式和良好的品格看成学生的三大核心素养。

其实无论是学校的课程设置，还是教学的课堂都无不秉承这一教育理念。

语文课是生动的课堂。孩子们在合作小组互助学习中不断提高，同时也体会到“一花独放不是春，百花齐放春满园”的集体的重要。学习的方式更是多种多样——有阅读，有画画，有讲故事，还有引导孩子慢慢尝试写作的“悄悄话”。让一个小学一年级的学生写作，是多么不可思议呀！但老师引入得那么自然，孩子也接受得那么顺利。由写流水账到能记叙一件小事件，孩子在尝试中了解到一个程序：“三要素”（时间、地点、人物）、“抓细节”和“心理感受和想象”。

数学课是实战的课堂，稳扎稳打，上课、练习、测试一环扣一环，处处体现了实效性；美术课上画画、剪纸、折纸处处体现出动手能力；体育课上跑、跳处处体现培养身体素质；课间的接力比赛、跳绳、课间操也处处体现集体主义精神。当然还有很多培养孩子良好品格的方法，让孩子整理书包、叠被子、扫地、整理自己的房间，自己洗袜子、自己养蚕，在点点滴滴中孩子学会照顾自己。

品格是一个人的基本素质，它决定了面对人生处境的模式。良好的品格就是一种积极的力量！在小学培养出的良好品格将会让孩子受益一辈子！

一（4）班　方则铮家长

2016年5月1日

互联网时代思维

别躺在“窝”里了，和下一代一起“飞”起来

亲爱的寇校长：

您好！

来信中听闻您病倒，我心里不免有些担心。希望您看到我这封回信的时候，身体已经大好。

生病，虽然对于每个人来说都不是陌生的事，但我们还是要心怀敬畏，敬而远之。经历了生病，或是家人、朋友生病，我的心竟然变得越来越软弱，越来越忐忑，也越来越慈悲。有时我甚至会盼望医院的各个收费窗口、诊室、检查室、药房、病房，少些川流不息的景象；盼望那些众筹平台里面，少些凄惨而惊悚的故事……

身体上的病痛，总会有各种各样不适的表征反应出来，警醒我们；而思想上的病痛，常常会因为习惯了而被无视，这大约就是您所说的生活在“水”里太久了，已经感觉不到水了吧！每天都是这样的，我们小时候大约也是这样过来的，周围的人不也一样吗?时候是这样一种无意识的一成不变。还有时候，身边激进的人和环境，也会影响到我们，让我们质疑自己的教育方法、思考方式，在茫然中患得患失，不知道自己到底要去抓住些什么，焦虑自己究竟能抓住些什么。

每个父母，都是爱孩子的。无论是打骂型的、溺爱型的、与时俱进型的，甚至是无能型的，有一点不变的是，他们对自己孩子的爱。我们常常会担心自己有没有尽自己最大的能力、运用自己最大的资源去助力孩子，让孩子的学习、生活更顺畅，却没有去关注过自己陪伴孩子的质量，自己有没有为孩子呈现榜样的力量，以及孩子反馈给我们的内心真实的渴望。我们没有太多时间去成就自己，没有太多时间去倾听孩子，我们只是不停地给孩子创造各种学习成长的机会，让孩子拼了命地往前飞……就像某个段子里吐槽的那样：自己整天坐在“窝”里，“飞”不起来，就在“窝”里下一个蛋，让下一代使劲“飞”。

的确，这个时代不同于任何一个时代，不学习，被淘汰；不坚持学

习，就泯然于众生之中。相同的是，无论哪一个时代，都需要与智者为友。智者是一本行走的智慧之书，与智者相交，就像与医者问诊，处处对症，药到病除，了然轻松。

烦琐的生活节奏难免让人心生焦虑，好比人吃五谷杂粮总会有个头疼脑热，适时地警醒自己，不被人云亦云所牵绊，保持爱和学习的初心，多与智者论短长，眼中自然能有一方由自己掌控的幸福之地。

您信中提到的 Siri、Cortana 、Alexa 等人工智能工具，我大致通过百度科普了一下，也打算花点时间去研究一下，让孩子去体验更先进的学习方式。

下周我们班的孩子们将在全国合作学习年会上上公开展示课，我特别开心，我们班的孩子有这样一个展示和体验的机会；更兴奋的是，我可以作为一名志愿者，去现场开开脑洞、长长见识。这真是太棒了！

预祝我校协办的全国合作学习年会圆满成功，孩子们收获多多！

祝您身体健康，万事如意！

六（2）班　龙奕然家长

2017 年 11 月 12 日

教育应该教什么？孩子应该学什么？

尊敬的寇校长：

您好！每月收到您的来信，看您的来信，已经成为我教育孩子的重要方式。每次读您的来信，我都不自觉地与自己平时教育的方法和理念来对照，与您的想法不同的，我都会积极反思，去向您学习好的教育方法。说到教育方法，正好与您此次信中的内容不谋而合。

信中您提到“学习能力的提高”“独立思考的习惯”“倡导做有教育的人”这三点我非常赞同。第一点“学习能力的提高”应该是学校、家庭、社会对孩子们的重点培养目标。我们的社会已经越来越盛行学习，进入了一个学习盛行的年代，知识的更新日新月异。如果我们有一天离开了学校，没有了老师的引导，我们不具备一定的学习能力，怎么去接收日新月异的知识呢？学不到日新月异的新知识，就无法跟上时代的步伐，终究会被社会所遗弃。要跟上时代的发展，应对时代的挑战，就必须时刻学习，那么只有提高自己的学习能力，才能适用一生。我记得有篇文章中写到，学习能力不高，难以形成科学的学习方法；没有科学的学习方法，将不可能学习得好。第二点“培养独立思考的习惯”，我们身边一定不差这样的人，他们学习更习惯于被动接收知识，他们习惯人云亦云；他们遇到困难，求助于他人，然后觉得别人说得都对，可就是不能解决自己现实中的问题。我们身边肯定也还有另一种人，他们看问题总有自己的观点，而且独到深刻；他们或许还很贪玩，但办事能力一流，甚至玩都能玩出这种水平，我觉得差别上，最基础的一点就是是否具有独立思考的能力。第三点“倡导孩子做个有教育的人”，记得柏拉图曾说过一句话：人只有靠教育才能成为人，人是完全的教育的结果。教育不教知识和技能却能让人胜任任何学科和职业，教育不改变生活环境却能改变人的思维方式。教育能让你活得幸福，而幸福取决于有意识的思维方式。记得有一次，孩子与外公顶嘴，孩子不知道她当时对外公说的话有多伤人，我当时就把孩子叫到了一边跟孩子说：“从我们刚刚懂事，首先接受的教育就是‘尊老爱幼’，这个是做人最基本的标准。

《三字经》《小学生行规手册》都是这么教育咱们的，你忘记了吗?"孩子听到这里，意识到了自己的错误，主动上前去跟外公道歉。从此以后，孩子不管去哪儿，碰到了长辈，都会主动上前问好，询问有什么需要帮忙的，我想这应该就是教育的结果吧!

其实真正的教育是自由的精神，是自己身上的责任和远大的志向，是批判性的独立思考，时时刻刻的自我觉知，终身学习的基础，也是如何获得幸福的能力!以上观点是我作为一名小学三年级学生家长的一点想法，仅供各位老师和家长交流，不妥之处，敬请批评指正!

祝

身体健康，工作顺利!

三（4）班周思伲家长　李丽娟

2017 年 11 月 12 日

授人以渔、渔人自乐

尊敬的寇校长：

您好！非常高兴您用信笺与我们交流教育孩子的思想，我与我的孩子也很喜欢用信笺来进行沟通，下面就是孩子上学以来我写给她的第二封信，请您不要见笑。

亲爱的糖糖：

这是开学后，妈妈给你写的第二封信。我很高兴，你顺利开启了人生中的新阶段，很好地融入了一年级的集体学习生活。仿佛昨天，你还是妈妈手边咿咿呀呀学语的乖宝宝，今天一下就长大了，会自己背着书包，蹦蹦跳跳地走进校门了，时间过得真快呀！我每天最快乐的时间，就是听你谈谈学校的见闻，聊着同学间趣事……孩子们眼中的世界，是如此纯真和美好。

通过近期观察、辅导你做功课，相比较前一段时间，你的进步很明显，学习的自觉性、主动性有所提高。看来，你确实有把妈妈之前跟你说过的那些话记在了心里：第一，就像我常告诉你的那样，“学以为己”，学习是为了让你掌握时代发展所需要的综合能力，让你在未来拥有竞争力。第二，学习是你自己的任务、自己的事情，必须要养成独立思考的习惯，老师可以指导你，家长可以帮助你，但是，最终完成学习任务，还是要靠你自己。第三，学习效率必须要提高，这样才能在有限的时间里，最大限度地利用时间来学习，所以在学习时必须要专心致志，不能三心二意。就像“小猫钓鱼”故事里说的那样，只有当小猫改掉了“一会儿捉蝴蝶，一会儿扑蜻蜓”的毛病后，它最终才成功地钓到了一条大鱼，学习也是如此，一心一意才能成功。

今天的你很幸福，不仅仅是指你们这一代10后的孩子生活条件很优越；而且，随着科技日新月异，现今社会的知识量已不再是当年妈妈这一代求学时的水平了。现在，你们拥有如书籍、报刊、互联网等多种渠道、途径来了解和掌握当今的海量信息，而不再受时间、空间、地域的限制，甚至足不出户，就可“观天下”。这些可是像妈妈这群80后在小时候都无法想象的。

知识在进步，教育水平也在不断提高。作为家长，不能固步自封，也不能去限制，甚至禁锢孩子的思想。我知道，在你们这一代孩子身上，是具有无限潜能等待被激发的。我也要随着社会的发展，转变观念，不断去学习，去了解你的内心世界，学会用你们的思维、你们的方式去看待、理解这个世界。我不会给你过多的条条框框，限制你那活跃的小脑袋，但是，我也要与你约法三章：第一，现在的网络信息量巨大，你可以利用它来学习、更新知识，但是，就像树上结的果实一样，总会有长得好的和不好的果子，网络上的信息资源也是如此。你现在对事物、是非的辨别能力还有限，希望你需要在网络上查找资源的时候，能让妈妈或者家里的长辈陪着你一起。第二，网络资源确实查找便捷、内容丰富，但是我希望你能有克制力，为了保护你的视力，也不宜过久使用电子设备。另外，也不要完全依赖网络和电子产品上的信息，要有独立思考的能力，要敢于抱着怀疑的态度看待问题，遇到问题多问“为什么”，而不是人云亦云。如果没有怀疑精神和独立思考的能力，那么科学就不会有进步，也许现在的地球还会被可笑地认为是一个方形而不是球体。第三，严格遵守学校和老师的规定，不能带到学校的电子设备或产品，一律不带过去。想想看，如果小朋友们把电子设备或产品都带到学校里了，那么上课时很容易分心、不认真听讲，甚至会蔓延出相互攀比的不良风气，最终影响学习。

上面的约定，希望你一定要做到。妈妈愿意作为你人生中的一个陪伴者、协助者，在你需要的时候，适当给予帮助。但是，人的生命是有限的，妈妈不可能代替你做完所有的事情，授人以鱼不如授人以渔，妈妈希望能把你培养成一名快乐的“渔人”，所以我要在有限的时光里，给你送去可以受益终身的礼物——一颗自由灵魂；有信念、有毅力的人生和独立思考的能力。加油，糖宝！让我们一起朝着未来奔跑！

永远爱你的妈妈
2017 年 11 月 12 日

寇校长，在今后的学习、生活中相信在您和老师们的带领下，我的孩子一定会愉快地度过小学的这六年，收获满满！

此致

敬礼！

一（1）班黄韵如家长　郭杨
2017 年 11 月 12 日

未来无限大，我们一起慢慢成长

敬爱的校长：

您好！看到您的来信之后，得知您是在身体欠佳的情况下，如期给我们带来了让孩子学习、生活更好的指引信息，这也让我们明白了坚持的意义和力量！深觉我们家长不能把孩子的教育问题全部推给学校和老师。毕竟，父母是孩子的“终身老师”，我们的一言一行都对孩子品质的形成、行为的培养起着不可磨灭的影响。

您的来信，让我想起了上一次给您回信的承诺（坚持用行动以身作则，引导孩子），有些通过我们大人的相对改变和学校老师的正确教导，已经在孩子身上看到了较好的改变。如：孩子在与人相处、处理人际关系上比较欠缺，可是最近发现孩子懂得尊重他人了，在上学路上碰到认识的同学和老师总会主动问好。以前看到自己爱吃的东西，首先就会想到据为己有，但是现在特别喜欢和人分享。上幼儿园时遇到一点点小事或者有点磕碰，马上就会哭鼻子。缺乏战胜困难的勇气和爱哭一直是我比较担心的问题，每当这样的时候，我总是会不断激励他要坚强勇敢，可是都效果甚微，但是前段时间有一次在去学校的路上，由于孩子的个头比较小，在路过一扇铁门时，被挤着撞到了铁门上，额头上立即出现了一个包包，原本以为爱哭的他又要大哭一场了。可是让我意外的是他居然对我说：“妈妈，我一点也不疼，我现在已经是一个男子汉了！”看到孩子身上一些美好的变化，更坚定了作为家长必须以正确的姿态引领好自己孩子的决心！

在当今这个凡事都提倡快速、高效的社会很容易就把人变得急躁、焦虑，所以我们家长难免会把浮躁的心情传递给我们的孩子。以前孩子碰到不会做的作业问我时，我总会忍不住对孩子大叫道：“有没有仔细看题，到底是你读书还是我读书”，过后反思，用这样简单粗暴的方式对待孩子是极其恶劣的，我其实可以温柔委婉地对孩子说：“老师说过，做题时，仔细读题，实在有不认识的字，先看认识的字猜猜题意，看清题目所要求回答的问题，用自己聪明的小脑袋认真思考，实在做不出来再问妈妈。”换了一种说法也就给孩子换了一种心情。所以能够平衡、调节好生活和工作所产生的压力尤为重要，一如校长之言，只有把自己变得更好了，才有资格去要求我们的孩子。

“学习不是为了应付而学习，不是为了未来有份职业、有个饭碗而学习，而是真正为人的终身发展而准备”，我对这段话表示高度认可，所以为了长远考虑，培养孩子有个好的学习习惯和生活习惯、健全的人格、融入社会生活的高情商，以及面对困难、战胜困难的逆商比孩子考100分、得第一名更重要！

对于学校的教育方针和追求，我十分赞许！其中非常详细全面地列出：（1）提高学生的学习能力。读书不能死读书，要讲究效率和节奏。只有掌握了学习技巧才能更高效地达到学习目的。（2）培养学生的独立思考能力。人只有有了自己独立思考的能力，将来才能更好地适应社会的发展，不轻易被他人左右。老师也是这样教导的，布置作业时，首先要求学生自己静静读题，然后发现问题，自己解决问题。（3）倡导学生做有教养的人，也就是培养孩子的情商和品德的问题，一个学生不管成绩是否优秀，首先要做个有素质、品行正直的人，当然也不乏很多内外兼修、品学兼优的好学生！

经过孩子入学两个多月的学习和变化，更加坚定了我们和孩子一起成长、勇于进步的决心！以后也会谨遵校长和老师的指导，时刻保持清醒的头脑，给予我们孩子积极向上的能量，配合好学校和老师，让孩子全方面的教育更上一层楼！

愿校长和老师们

工作顺心，幸福愉悦！

一（1）班胡弋家长　邓淑贞

2017年11月12日

幸福的批评

寇校长：

您好！

在孩子的成长过程中，我越来越发现家庭教育的问题太多了，我的困惑也太多了。当今社会包办婚姻没有了，可是我是不是那个包办孩子成长的家长呢？我是不是那个将急切变成了急躁的家长呢？我有没有对教育思考进行绑架？我想，其实是有的。那我到底该怎么办？是一味地推卸责任，放纵不管还是盲目跟从？

就像校长说的，一个好的家长一定是积极建立与社会的联系的。在这个大社会中班级是一个小的道德社区，学校是一个中级的道德社区。我们的独生子女们，他们更需要去学会分担，学会有责任感。人们说的真正美好的关系是互相支持的，那美好的教育关系就是：家长支持老师，老师支持孩子，孩子健康成长！

有一次，孩子放学回家，满脸沮丧伴着沉重的叹息，一声不响地坐在书桌前。我问他发生了什么事，他向我讲述了事情的原委。原来，今天的语文课上，老师点他起来读词语，他可能在前几分钟走神了，没听见老师要求读词的格式，所以当然读错了。老师把他狠狠地批评了一顿，还罚了站。“你上课没认真听讲，走神了，老师当然要批评你了！”我感到奇怪，这是基本常识呀。“问题是点了几个同学都读错了，老师只是说几句完事，为什么批评了我还要我罚站呢？”孩子委屈地说。我一听，立刻明白了老师的良苦用心。于是我给他讲了《墨子怒耕柱子》的故事：墨子收了很多门徒，耕柱子就是其一。一天，墨子正在授课，一只小鸟停在窗外的柳树上啼叫，弟子们纷纷张望。耕柱子见了，出于好奇，也向窗外看了一眼。墨子看见了，课后将耕柱子一人留下，狠狠责骂了他。耕柱子不知墨子为何只责骂他一人，感到十分委屈，于是抱怨道：“我犯的错误根本没有他人多，老师为何却这样骂我？”墨子听了没有发怒，只是心平气和地问他：“假如要你驾驭马和牛上太行山，你会选择鞭打哪一个？”耕柱子道：“我当然会选择鞭打马！”墨子问：“为何？”耕柱子立刻回答：“既然要上太行山，那么马比牛要跑得快，马具有长时间奔跑的能力，而牛却没有，所以会选择鞭打马。”墨子说：“我骂你，正是因为你像马，而不像牛，你值得批评啊！”

我对孩子说：“老师不责罚那些学生，唯独责罚你，就是因为在她心目中，你是一匹值得鞭打的马，你值得她的批评啊！批评得越苛求，要求得越严格，越能够有助于你改正错误，促进你更好地成长。”

我的孩子像其他所有孩子一样，这时好，那时坏，有时他是开开心心，温顺可爱，乖乖听话；有时他又脾气暴躁，格外难搞！是的，我必须随时调整自己的期望值，提醒自己记得，他毕竟是个孩子，他仍在学习，仍需要我的指导。所以，接下来我会慢慢地、静静地、悄悄地做，不浮躁，不显摆，一定会有我想要的结果。说一个孩子为什么有价值？是因为他有无限的可能性啊！

辅导孩子做作业，我才知道，教育原来如此辛苦。日出而行日落而归的老师，每天要面对不同差异的家长们、孩子们，真是忙得像个陀螺。每天检查孩子的作业，都会有老师认真的批注，看图写话哪里写得好，会用波浪线画出来；哪里写得不完善，哪怕是一个小小的标点符号，都会被指出来。每每看到这些，我心里都会忍不住心疼和赞叹老师：一个班四十多个学生，对每一个孩子都像这样批改，那得花费多大的心血和时间，耗费多少精力啊！更何况老师并不是一到校就只批改作业的，她还需要讲课、备课，还要在课间看管孩子不能让他们摔着、碰着了……因为理解而参与，因为参与而配合，家长和老师的相遇，难道不应该是爱和责任的相遇吗？

二（1）班张宸曦家长　陈静

2017 年 11 月 12 日

助力未来，培养孩子的可持续发展能力

亲爱的寇校长：

您好！

每年的9月至11月都是大学应届毕业生们参加各种招聘会、找工作的黄金时间。我因为负责公司的招聘，去过很多高校和招聘会，面试了很多即将毕业的大学生，当然也包括已有数年工作经验的求职者。其中有的非常优秀、潜力无限；有的能力有限、碌碌无为……在面试的过程中，我也常常在思考：我的孩子也会长大，踏入社会。我们作为家长应该怎么做才是对孩子最好的培养？孩子们学习的最终日的是什么？应该学什么？特别是在人工智能正在来临的时代，越来越多的岗位机器化、智能化，任何知识或技能都可能过时或被淘汰。“日新月异”这个词非常贴切地描述了这个飞速发展和变化的时代。这时，我收到了您的来信，仔细阅读，引发了我的思考和共鸣。

现在的社会教育环境竞争激烈，各种课外辅导补习，各种才艺特长培训充斥在我们的周围。孩子与孩子之间的比较、家长与家长之间的比较，让家长迷茫和焦虑，让学习和教育变得功利。

追根溯源，教育的根本是将孩子培养成一位有素质的“人”，而不是读书、考试的机器。根据多年人力资源工作的理论和实践，我发现能适应社会变化、持续进步和发展的成功人士，大多具备三个重要的特质：学习能力、独立思考能力、阳光积极的心态。这些可持续发展的能力是我们在孩子成长中，必须帮助孩子具备的基本特质。有了这些特质，孩子才能更好地适应未来世界。

学习能力是定义、识别和培养高潜力人才的核心能力。学习能力简而言之即是“会学”，会有效率地学、会主动地学习、会向他人学、会自学。学习能力强的人更容易适应变化，不惧知识的更新和时代的发展。

同时，在这个快速变化的世界，出现了很多新情况和事物，过去的

经验可能无法适应现在或未来。主动思考能帮助孩子主动探索未知领域、看问题独到深刻、遇到问题会向自己要答案。在独立思考的过程中，自己的思维能力、创造能力、判断能力、学习能力都能得到提高。

在生活、学习和工作中，人们难免会遇到压力和挫折，可能产生负面情绪甚至不健康的心理。只有用阳光积极的心态面对挑战和困难，才更能让孩子更好地感受到生活的幸福和人生的美好。

在这个躁动、焦虑的时代，我们作为家长，应不忘初心，坚持做真正正确的事，培养孩子可持续发展的能力，着眼未来、助力未来，才是我们应该做的。今后的道路最终得孩子独立走下去。只有这样孩子才能获得最终的幸福。

谢谢您的来信！期待您的下一封信！

二（4）班　李泠舞家长

2017 年 11 月 13 日

做更好的自己

尊敬的寇校长：

您好！得知您的身体不适，我们很是惦念。工作虽是重要，身体才是根本，愿您早日康复！

10月底，我们学校首届以“做自己的冠军”为主题的体育节给孩子和我们都留下了难忘而美好的回忆。看着班主任刘老师在百忙之中传到班级群里的活动照片，看着孩子们参加活动时专注的眼神和如花的笑颜，我们仿佛感受到了现场的热烈和校园的蓬勃生机，内心温暖而感动。“做自己的冠军”这既是我们学校倡导的优良校风，又鼓励孩子们勇于面对成长中的困难，每天进步一点点，做更好的自己！老师们对工作的认真踏实和坚持不懈是孩子们最好的榜样。

前几日，我看了一篇文章，讲述的是一位丹麦摄影师花9年做了一个实验：同一时刻，同一地点——中央车站蹲拍。他本想看看随着时间流逝，人们的生活会发生怎样的改变。不曾想，换来的结果却有些震撼：人们几乎日复一日重复同样的行为，仿佛进行一种固化的仪式。由此我们展开了思考：坚持和变化的意义在哪儿？想想身边，社会日新月异，人工智能正在逐步取代传统行业，方便的轻轨、地铁和共享单车，快捷便利的购买和支付方式……人工智能时代开启了世界的另一扇大门。在这种变化中，我们一方面要培养孩子向“机器”学习，利用高科技的电子产品搜索和识别，具备搜索的能力，提高效率，拓展新的学习方法。另一方面，机器终究是人类创造的，我们既是这个时代的受益者也同样担负着不可推卸的责任，更应该培养孩子机器不会的东西，如：自由精神、独立人格、健康的思维方式……坚持好的学习态度和生活习惯，也要敢于突破旧思维，总结新方法；对生活充满感恩，从以前的旧习惯中脱离出来，善于变通和思考，才能不断更新自己，向着更好前进。

祝您

身体健康，工作顺利！

五（3）班江美亚家长　魏超

2017年11月12日

竞争重要，合作更为重要

尊敬的寇校长：

您好！

得知您最近身体抱恙，还坚持给我们家长写信，您的这份坚持，让我惭愧！对自己的惰性我经常会找各种各样的理由，但对于孩子的惰性又总在抱怨。

作为一名学校的家委会成员，我有幸多次倾听了您对教育孩子方面的新的教育理念，受益匪浅！您倡导孩子们独立思考、创造思维、团结合作，做一个有教养的人。这种全新的教育理念，必定会让孩子们收获满满。缺乏合作意识和团队精神是孩子们的通病，必须让孩子们意识到竞争固然重要，但合作更为重要。孩子们迟早要走上社会，仅仅学习好远远不够，而要学会与人相处，拥有合作意识则是成功不可缺少的因素。听着孩子读“合作学习礼当先，他人发言我倾听，课堂争做小先生，三步采访重交流，内外圈法拓思路，独立思考我能行”这朗朗上口的学习口诀，我体会到老师们是让孩子们在学习中慢慢体会怎样团结合作，让孩子们在学习中成为一个有教养的人。

这次，很荣幸可以参与到咱们学校协办的“全国第二届合作学习专题讨论会”。这对于我们家长来说是一个难得的学习机会。这次讨论会让我更深刻地了解了什么是“合作学习”，聆听了来自全国各地优秀教师奉献的12节各具特色的合作学习展示课，感受了来自台湾著名的语文教育专家李玉贵老师娓娓道来的教学风格，环环相扣的教育育人理念。我们体育馆小学有这么全新的教育理念和优秀的教师团队，孩子们怎能不展翅高飞？体育馆小学怎能不桃李满天下？我作为参会的志愿者，我骄傲地站在会场上！

二（1）班梁可瑜家长　李颖

2017年11月13日

培养孩子的习惯其实需要从审视自己做起

寇校长：

您好！

孔子曰："性相近，习相远。"每个孩子在生命的最初都是一张白纸，关键是看父母给他涂上什么颜色。所以家庭的教育方式直接关系到孩子的成长问题。我认为，父母对孩子的教育基本可以分为三种：一种是教育细节不分大小，正确引导，循序渐进；一种是打骂代替教育，不讲方式方法；一种是不管不问，放任自流。三种教育方式最后得出的结果是截然不同的，孩子的性格培养和习惯养成会影响终生。第一种教育出的孩子性格儒雅、习惯良好，无论是学习还是做人上都会很出众；后面两种教育出的孩子性格固执、不良习惯较多。家长如何培养孩子的习惯其实需要从审视自己做起。

如今的家庭以独生子女居多，四个老人加上父母一共六个人教育一个孩子，两辈人的教育方式完全不同，矛盾冲突也会很明显。大多数爷爷奶奶都会对孙子孙女格外疼爱，可谓是"有求必应"；父母工作繁忙可能也会忽视对孩子的关心和照顾，孩子们在这种"蜜罐儿"里长大，习惯被关注、被服务、被安排，会养成依赖性和惰性，"饭来张口，衣来伸手"的习惯渐渐养成，动不动就会喊爷爷奶奶、爸爸妈妈，随之带来的就会是不知道自己追求什么、想要什么，逐渐失去生活和学习的奋斗目标，孩子长大后就会成为没有自理能力的"啃老一族"。

独立自主的能力是现如今的孩子最缺乏的一种能力，让孩子在生活中适当地接受挫折能激发他们的潜质，因为这种能力能让孩子在未来进入社会后游刃有余。家长们要明白一个道理，只能让孩子提高独立自主的能力去适应社会，社会是不可能去适应孩子的。一直以来，我们作为江雨瑶的父母都在积极与爷爷奶奶沟通教育方式，努力培养孩子独立自主的能力和自我认知的能力，不论是在学习上还是在训练中，都希望孩子学会自己树立奋斗目标，积小成大、积少成多，瑶瑶也获益匪浅。在此，我把我们家的教育方式分享给每一位家长，希望能给大家帮助。同时，我们家长也要积极配合学校开展的各项工作，让孩子在学校和家庭里都能沐浴阳光，茁壮成长！

四（4）班　江雨瑶家长
2018年1月27日

家长的榜样

重新起航

尊敬的寇校长：

您好！很感谢您在百忙之中抽出时间和我们一起探讨孩子的教育问题。

不知不觉，孩子也成为一个三年级的学生了。回想之前的路程，对于孩子的教育，我这个妈妈有些随心了。对于育儿，没有做好一个长远的规划和目标，本着一种顺其自然、随遇而安的想法……殊不知我的这种放松的状态，对孩子来说开始造成不好的影响了。如今，这些问题都凸显出来了：上课注意力不集中、马虎粗心、专注力不够……现在想来，再要培养孩子的好习惯，我这个家长未来真的是任重而道远啊！为此，我觉得我这个家长也很有必要和孩子一起学习、成长、进步。

那么如何学习做一个好家长？育人，其实本来就是个育己的过程！这就需要我们每个家长不断学习、完善自己、充实自己。好的父母，一定是重视言传身教的！正如董卿在央视《面对面》的一期节目中说了一句话："你希望自己的孩子成为什么样的人，你就首先要去做一个什么样的人。"所以我们每个家长都应该努力去把自己变得更好！让孩子在未来真正懂得的时候，对我们有爱也有尊敬！在我们身上他们可以学到一些好的品质：你温厚善良，谦逊有礼，想来孩子未来也能与人相处愉快，令人如沐春风；你宽厚大度，与人为善，想来孩子以后也能让人真心叹服，温柔相待；你负责有担当，处事临危不惧，想来孩子将来也能让人信任，带给人安全感；你热爱阅读，享受其中，想来孩子也会是个博文智慧之人……所以，想要一个怎样的孩子，请先努力去成为这样的父母！很多时候父母的一举一动、一言一行都会潜移默化印在孩子的脑海里，影响到孩子未来路上的关键选择，最终影响到他们的命运。

从现在起，让我们在教育孩子的道路上，一起乘风破浪，志在远方。只要有一颗坚毅的心，只要还在路上，就永远不用担心太晚。

三（3）班袁君昊家长　蒿俊苗

2018年1月25日

父母是孩子成长过程中的榜样

寇校长：

您好！

在您给我们家长的信中，其中有一篇，讲到拉开人与人之间距离的，不是智商，智商只占到20%左右，剩下的80%都是后天培养和养成的。影响甚至决定人一生的，是什么呢？自律、高效、坚持。

我完全赞同这个观点，也深有同感。孩子的爸爸是一名金融IT工作者。不管工作多忙多累，他每天都会抽出两个小时的时间，看看关于国内、国际的财经新闻。十年如一日，俗话说：一分耕耘，一分收获，正因为孩子爸爸丰富的专业知识，给他的工作、家庭都带来了丰厚的回报。所以，在孩子们的心目中，爸爸永远是No.1。另外，孩子爸爸的父母，在孩子爸爸还很小的时候，就去外地工作了。从小，学习、生活都是自己照顾自己。放在现在，是一个想都不敢想的事。可孩子爸爸，从小就是严格要求自己，养成了非常好的自律行为。所以，才有了今天的成就。

每天放学，我们从来不逼迫孩子们写作业、学习。当孩子们还没有这个心理准备时，只会适得其反，或效果甚微。但一旦想好了，开始写作业、学习，那就要心无杂念、专心致志。每写完一门作业，中间可以休息十分钟。有时，我们也引导孩子，比如，写作文，不要一上来就要强迫孩子去写，先问问孩子，你准备怎么写呀，这篇作文提纲是什么呀？有时，也帮孩子们举例阐述。孩子看到我和她一起学习，很高兴。所以，一篇作文很快就写完了。从小，我们教孩子要学会统筹、合理地安排时间。作业不分先后，想写哪个就写哪个，在规定的时间内写完就行。所以，不管孩子在学校的作业还是我给她布置的英语练习、古筝练习，基本晚上九点之前全部完成。而且，孩子也没有觉得特别累。很多家长，对辅导孩子学习，觉得特别累。我想，是不是从小没有让孩子养成高效的学习习惯。我是两个孩子的妈，以前经常顾得了这个，顾不了那个。可自从让孩子们养成高效的学习习惯之后，我轻松了很多。

父母，是孩子最好的导师。父母，凡事从自身做起，以身作则，这样言传身教才有说服力。孩子在学习的过程中，也有闹情绪的时候，往往此时，我总是耐心听孩子倾诉完。待孩子心情平复之后，给孩子讲道理：无论古今中外，那些获得成功的人，都是坚持到最后的人。坚持往往伴随着枯燥、孤独甚至痛苦。别人在玩耍、享乐、浪费时间的时候，而你，却在咬着牙，坚持在学习。只有这样，你才有可能进步，才能获得成功。只有辛勤付出后，获得的成功才是喜悦的、幸福的。从你上小学一年级开始，你们的校长，每月给我们家长写一封信，给我们讲讲教育孩子的心得。几年如一日，这不也是坚持吗？可曾有过怨言？

在孩子的一生中，随着年龄的增长，学习的压力也在增长、孩子的心态也在不断变化。作为家长，对孩子的教育不能总是一成不变，家长也要不断地学习、与时俱进。在孩子成长的过程中，听孩子的心声，陪伴着孩子，与她一起成长，做孩子的知心朋友，不要总是做高高在上的家长。

五（1）班田玲菲家长　樊蕊

2017 年 9 月 29 日

行走在"舒适区"外

尊敬的寇校长：

您好！

再三拜读了您的第50封给家长的来信，我一直在问自己一个问题：要求孩子做到的，自己都做得怎么样呢？

更多的时候，我扮演的角色，是陪伴者，是家长，是提要求的人；更少的时候，才是一起摸索的伙伴，共同探讨的朋友，比肩奋斗的战友……

曾经过于理想地要求自己，希望自己在任何事情上都尽最大的努力，给孩子一个榜样，让她们都习惯去自我要求。结果是每年年初有许多计划和想法，迫切地想要努力大干一场去实现人生的价值，到了年底，眼看着计划抵不住时间的侵蚀，只徒留黯然神伤，懊悔不已。

确实，每一个孩子都或多或少地带着父母的影子，都有着原生家庭的"特殊气质"。我对两个女儿的影响无疑也是巨大的，好的坏的，都没能摒弃。以前，我们家龙先生不怎么管小孩，因为工作忙，对孩子有质量的陪伴也不多。今年夏天开始，他对两个女儿的陪伴方式开始有了质的变化。每天带女儿下楼散步、骑车或是跑步，和她们聊各种各样与学习无关的话题。他和大女儿约定好，能够连续坚持30天高效完成各种作业和学习任务，每天有多余的时间用来锻炼和阅读，合理安排好作息，就给她买一只她最喜欢的金毛。因为养小狗不只是买只狗回来，有空的时候逗逗它，而是为一条生命负起责任。每天遛狗、喂狗，打理卫生，定期给狗洗澡……这些都需要货真价实的时间和精力，不可能假手他人，自己只做业余管理。

最近两个月，家里的老人病倒了两个，门诊、住院、门诊，和医院的关系一下子亲密了，每天奔忙着，时间不够用，精力不够用。欣慰的是，孩子们要让我操心的并没有比以前多。我们都在适应和成长，彼此鼓劲。

接下来，我也要加入龙先生晚间的锻炼计划，每周至少有一次跑步，每天至少有30分钟散步。作为上有老下有小的中流砥柱，我们必须为了自己身体的健康，保证最基本的运动量。也是您这封信，为我拿走了最后一个不自律的借口。我要做一个自律的妈妈，能够管理自己形体的妈妈。

高效，是我们家近年来关注度最高的一个词。我们班余老师每天都在训练孩子们，怎么用一节课的时间安排好课堂的学习，哪怕只是布置家庭作业，也布置了作业的完成时间，必须在校内完成。其实也是在要求孩子们高效地学习，高效地利用时间，让孩子们有更多的家庭时间，做做自己想做的事，不管是有用的事，还是没用的事……至少你有时间去支配啊！

从一年级到六年级，从年头到年尾，时间的脚步匆匆，我们总想用力去抓住些什么，其实要抓住的，不过是当下的每一分每一秒，用行动去做每一分钟微不足道的改变罢了，把匆忙过成充实。

不知道孩子毕业的那天，是什么样子。就让我们一步一步，踏踏实实，走向那一天！

祝您工作顺利！

祝愿我们的学校越来越好！

六（2）班　龙奕然家长

2017年10月8日

和孩子一起成长

尊敬的寇校长：

您好！首先非常感谢您每个月都抽出宝贵的时间与精力，跟我们家长通过书信的方式进行有效的沟通与交流。

这次您的来信谈到家长的行为会影响到孩子。的确，现在不管在什么地方、什么场合随处都可以看到"低头族"。随着手机、iPad的便携性和网络的快捷性确实给人们的生活带来了便捷和调剂，但对孩子的影响也是巨大的。记得一个朋友跟我分享过一个小故事，孩子作业里有一项需要用"一边……一边……"造句，孩子写：妈妈在房间里，一边陪我做作业，一边看手机。这个版本我相信也是很多家长的写照！当然也包括曾经的我，小Q（儿子的昵称）原来也对我说过类似的话："妈妈，为什么我写作业，而你就能一直在边上玩手机?"好在通过您这次的来信点醒了我。现在如果一定需要陪伴他写作业，我就会拿本书坐在一旁。通过我的转变孩子不会找我要手机、iPad，他会自己去书柜找他感兴趣的书籍。孩子还有一个习惯虽然是两三岁延续下来的，但是我觉得很好，就是听睡前故事，小的时候我们听小布丁故事机，现在大了给他听"喜马拉雅"，这对增长孩子见识、增加他的词汇量都很有帮助，我的改变同时也在影响着孩子。

关于您说的"高效"。培优班我们也在上，不过，前提是孩子有兴趣。我觉得自愿和强迫会产生两种截然不同的影响。第一种是敷衍家长，反正外面上课又不算学校成绩，我学得怎样你们也不知道。第二种是很感兴趣，每次下课就会很乐意分享当天学习的内容，回家后还当小老师讲给我们听。学校里的课业尽量在学校完成。放学回来后自己检查没有问题了再给家长签字，再把当天学习的内容复习一遍，有时间就可以做一些课外的小练习以拓展思路。

"坚持"，做任何事情都需要坚持。但对于孩子我觉得更多的是需要家长的坚持。小Q从幼儿园中班就开始游泳训练，现在已经快三年了。当时我们一起的有六个孩子，后来由于各种原因现在只有我们还在游，通过努力孩子从最初的初级班升到中级班，参加了两次比赛，这都与孩子的努力和坚持分不开。其实孩子每天下午五点半开始游泳训练，七点结束，回到家里八点，再写作业有时候会写到很晚，我们看着也会心疼，有一段时间真想把游泳停了，一周六天这样游下来孩子真的很辛苦，但是孩子不愿停，这已经是他生活、学习的一部分了。所以作为家长的我们只能支持与更坚持，相信这种不轻易放弃的精神会一直伴随他的成长！

此致

敬礼！

二（2）班王昕曈家长　原婷婷

2018年1月25日

和你一起成长

尊敬的寇校长：

您好！看了您的来信忍不住想要写一封信给我的孩子。

亲爱的小茹：

这是你长这么大以来，妈妈第一次给你写信，也第一次意识到你不再是妈妈怀里的小宝宝。你长大了，已经读一年级了，回顾这一个月的小学生生活，妈妈也感触颇多，也愿意和你分享我的感受，和你一起成长。

妈妈还记得，当我们一起买好了书包等一系列学习用品时，你高兴地背着书包满商场里跑，逢人便讲"我要上一年级了"，眼里满是幸福与骄傲，那一场景至今仍在眼前浮现。

带着憧憬，带着无限欣喜，你走进了小学，学校里的一切新鲜事你都迫不及待地告诉我。

"我们学校每节课都要唱歌，可有意思啦！"你欢快地说。

"那唱什么歌呢？为什么每节课都要唱？不用上课了吗？"我满脸疑问。

"要上课呀，但要先唱歌，一唱完歌老师就来了。我唱给你听吧，青青的草地，蓝蓝的天，我美丽的时间，大手和小手带我走，我是妈妈的宝贝。"

妈妈这时才明白，这是学校的铃声，这上课的铃声对我来说见怪不怪，而对你来说却充满了魔力，溢满了欢乐。妈妈要向你学习，用心倾听，保留童真，保存对一切事物的兴趣。

在开学的一个月里，妈妈也冲你发了一次最大的脾气，那是一个周五的下午，你因为贪玩作业没记完，少了后三项。你做完了前三项作业，巴巴地等着我像往常那样对着手机帮你核对作业。不巧的是老师那天并没有像往常那样中午就将作业发到家长群里，妈妈没有控制好自己的情绪，冲着你一顿臭骂，拨通了李老师的电话，逼着你向老师询问剩下的作业，你哭着，含混不清地问着作业。当我接过电话时，你已哭倒在床上，泣不成声。

小茹，妈妈想对你说的是，学习是你的事，是你将来得以立足社会的根本，而不是妈妈的事。妈妈也有自己要承担的责任，每个人都有他需要承担的责任，你也不例外，而记录当天的作业，就是你现在要承担的责任，对自己的学习负责，对自己的人生负责。妈妈在这一事件中也有不对的地方，太过暴躁，太心急，恨不得你一入学所有事情都如我所预想的那般进行，而忽略了告诉你事先要做什么准备，应该怎么做，所以我们一起努力，共同进步，好吗？

在这一个月里，我们也因为你的粗心大意而心生不悦，明明会做的题却因为马虎丢分，这实属不该，你现在才刚刚上一年级，今后你会经历众多的考试，如果马虎这个小怪兽不赶走的话，它将跟随你今后的若干次考试，永远让你离优秀差一步，永远在不断的总结分析中写道“粗心”。好的习惯伴随你的一生，并让你从中受益，这才是妈妈真心希望你做到的，分数只是你学习能力的体现，而那些非智力因素的错误才是你人生路上需面对的“小怪兽”们。妈妈愿意和你一路前行，一路打“怪兽”。

我亲爱的小茹，你初上一年级，妈妈比你更紧张，更焦虑，担心你上课坐不住，担心你注意力不集中，担心你和同学们相处不愉快，担心你不会安排时间……总之，整颗心时刻都揪着在。妈妈现在也要学会改变，调整自己的状态，凡事多想方法，少发脾气；多些耐心，少些指责。放轻松些，专注做好自己的事，让妈妈优秀的品行感染你，我们共同进步，一起成长！

一（1）班　曾文美家长

2017 年 9 月 30 日

家长的榜样作用

尊敬的寇校长：

您好！非常感谢您在百忙之中给我们写信，仔细读完您的来信，感触颇深。

我的孩子已上三年级，学习成绩一般，很长一段时间里，我都为此烦恼、抓狂。说实话，我孩子比较乖，对学习的热情也高，但成绩就是提不上去，一度我都认为孩子的智商有问题，直到今年暑假。

暑假在家，我对孩子的学习生活做了一个回顾，发现孩子的学习成绩之所以难有起色，很大一部分责任在于我。平时我一个人带她，还要上班，不累的时候才有精力尽心地辅导孩子，忙了，累了，对孩子的学习就懈怠了，觉得她当天的作业能自己完成就可以了，对她降低了要求和标准，在辅导孩子学习方面三天打鱼，两天晒网，没有起一个积极、正面的作用。

经过一番考量，我制订了一个详细的学习计划，制成表格，然后每天严格按照表上的安排执行，有时候自己很累，一坐下来就不想起身，一拿手机就难放下……孩子都看在眼里，她看到妈妈拿着手机，也无心学习，总想着能不能看电视，这时候我会果断地放下手机，拿起书本坐在书桌旁，孩子看见我也在学习，她就不敢抱有松懈的幻想了。

经过三个多月的坚持和努力，孩子的各个方面都有了较大进步。回想以前，我就想过改变，但那时自己想要的是脱胎换骨，偏偏缺乏的是自律与坚持，但一步一步走过来，发现改变是一个循序渐进的过程，不必急功近利，立竿见影，只要一天比一天有所改善，一天比一天有所突破，朝着正确的目标持续地做下去，就能得偿所愿！

现在想想，很多时候孩子的不出色、不优秀，不是因为智商不高，而是他们的身边缺少一个生活自律、做事高效、凡事坚持的父母！

三（4）班　卢文静家长

2017 年 9 月 30 日

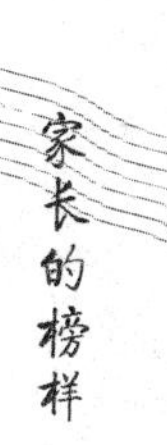

家长的引领作用

尊敬的寇校长：

您好！

今天收到了《给家长的第52封信》，每次来信都是一次很有意义的学习，也是一次经验交流，其中有许多值得我们思考和学习的宝贵知识和方法，令人受益匪浅，也为我们指点迷津，是我们引导孩子、影响孩子的启明灯。

以身作范对孩子的成长，我觉得很重要，孩子成长得怎样，多半也是受成长环境所影响。家长积极、阳光、努力、认真，孩子大多也会如此。东汉语言学家许慎说过：“教，上所施，下所效也”，“育，养子使作善也”。所以，我认为真正教育孩子，不是我们将孩子“丢”给老师，让他们传授知识就好，最重要的，应该是我们家长自己的“上所施”，让孩子“下所效”，从而“使之作善”。也就是说，我们要给孩子做好样子，让他（她）效仿。父母的言行就是无声的老师，会潜移默化地影响着孩子的人生，所以，我们家长要时时、处处、事事严格要求自己，成为孩子人生的好榜样、好示范。有时一个看似简单的事，做一天容易，做一次容易，经常做却不容易坚持下去，为了孩子能成长为知书达礼的人，我和她爸爸用自己的言行感染她，见人主动问好；得到帮助时、请教人时，都会主动表示谢谢；经常关心和帮助老弱病残的人，见到老人拎提重物、盲人等，主动上前搭把手，扶盲人下车过马路，对别人的求助和困难，我们也是常常义不容辞地尽心尽力主动帮助。这些孩子都是看在眼里，也记在了心里，觉得一个人就应该这么做，是本能。自打她会说话起，她就喜欢见人主动礼貌问好，经常说“谢谢”“不客气”等礼貌用语，这种简单的礼貌已经成为她的一种习惯，见到需要帮助的人，自然上前去帮助，无需提醒。就在这学期（三年级下学期），班里转来一名新生叫刘奕翊，刘奕翊及其家长刚到新的环境，有许多事情不熟悉，不懂，家长孩子心里都挺急的。莫妍主动热情去帮助她，告诉她作业要求是怎样的，在学校里和班上需要注意哪些事项等等。放学后，又主动跑到刘奕翊家长面前说："刘奕翊妈妈，有什么不知道的，我愿意帮助你们。"这件事还是刘奕翊妈妈通过 QQ 告诉我的，表示非常感谢，夸孩子懂事有礼，热情大方，乐于助人。同时，这位家长也向我咨询和请教了关于班级及作业方面的很多问题，我也一一热情地进行了回答与提醒。在三（4）班这个大集体，有许多的热心家长为班集体服务。我们家长之间常常会利用节假日带着孩子们一起组织一些集体参观红色教育的活动，为孩子们树立榜样、寻找榜样，浓厚学习氛围。还有的家长常常利用休息时间为班级体做许多力所能及的贡献，为自己的孩子、为其他家长做榜样，让家长间、孩子间以团结向上为荣，以积极进取为荣，以服务集体为荣。作为家长，我常常思考，与孩子经常交流，她也很愿意与我们分享交流，与她共同探讨，你要怎样做，你应该怎样做；我要怎样做，我应该怎样做的问题，用相互交流、相互影响、相互提醒、相互监督的方式与她一起成长。也许是因为我们的言行，这种教育方式，潜移默化地融入到她的内心，促使她自然养成了些许好习惯，为此我们也感到欣慰与自豪。平时，我们还会不经意地通过她做的一些好人好事，给予她一定的赞美和鼓励，并为她分析做这些事后的收获，特别强调她的感觉，让她体会是不是感觉做了好人好事后很开心呢！让她觉得经常能帮助别人，才是快乐的源泉。

使她成长为一名学习上有上进心，做人善解人意，遇事不慌张，遇难不退缩的孩子，这是我和她爸爸对她的期望，也是我们培养的目标。作为家长，我深知，我们还有许多的不足，孩子也还常常不懂事，犯错误，但我相信，只要我们时刻注意自己的言行举止，有错及时改正，并让孩子与家长相互监督，做到共同学习，共同努力，共同进步，她必将会成长为一名身心健康的人。

此致

敬礼！

三（4）班张莫妍家长　王国艳

2017 年 9 月 30 日

家长首先要做个君子

亲爱的寇校长：

您好！

对我而言，您是位熟悉的陌生人。早在两年前，当我还在犹豫要不要为孩子择校时，我先后关注了体小的网站和公众号，在这里，我认识了一位每月给家长写信的校长，从一封封真诚恳切的信中，我读到了体小精细管理、用心育人的决心，更帮我做出了一个重要决定——不择校，体小就是孩子学习生涯最好的起点！今天，我终于收到了属于我的“第一封”给家长的信。

这也让我想到了自己的工作，从事人力资源管理十多年，员工关系一直是项重要却又润物细无声的工作。尽管它没有轰轰烈烈的业绩体现，却又无时无刻不需要想办法、使巧劲儿，于无形中产生巨大的成效。而这其中，最不可或缺的就是沟通。有沟通渠道且渠道畅通有效，令员工的困惑得以消除、投诉得以解决、建议得以采纳，才能从根本上缓解雇佣关系固有的矛盾，使“双赢”不再是口号。而今天这封信，不正是您与我们沟通的起点吗？

回到这封信上，您提到了三个要点：自律、高效、坚持。这其中的“自律”是最让我感同身受的。我们总说家长是孩子成长的镜子，什么样的家长造就什么样的孩子，自己做不到的凭什么要求孩子做到……这些归根结底都体现“自律”二字。当我们克制不住脾气对孩子叫嚷时，孩子也学会了大声反抗；当我们总想看完最后10分钟电视节目再上饭桌时，孩子也学会了就餐时间可以讨价还价；而当我们习惯把家收拾得一尘不染时，孩子也学会了随时收拾自己的玩具和书本……彤彤曾是个“晚语”的孩子，理解能力也因此稍逊于同龄小朋友。在现阶段，我们无法让他准确理解自律的意义以及因此可获得的快乐，唯有先律己，于细节之处身体力行，让他从模仿、从学习做起。

彤彤从小就极度迷恋公共交通工具，公汽、轻轨、地铁、轮渡，只要让他选择，他都会放弃小车，屁颠屁颠地去乘坐公共交通工具。当有一天我注意他的身高已经达到1.2米时，我告诉他：“彤彤，你又长高了，已经不是免票的小朋友啦，以后坐车就该买票喽！”可没过几天，他就疑惑地跟我说：“妈妈，今天爷爷带我坐地铁，他为什么说我还小，不用买票呢？”我很理解老人的想法，因为我小时候也有过切身的经历，但我深深地知道，那种感觉并不好，好像自己本该获得的某种权利被剥夺了。我于是给孩子买了张小巧可爱的乘车卡，告诉他：“以后出门自己带卡，你有义务也有权利选择为自己买票。”那一刻，我在孩子的眼里看到了兴奋的光彩，而此后每次乘车，他都会很自豪地自己刷卡，好像在宣誓自己已经长大。我知道这时的他并不理解什么是社会道德，但他多少会明白：规则，是需要被遵守的。

所以，若希望孩子品德高尚，家长首先要做个君子，一个明智的父母，要想让孩子从小就树立规则意识，最好的办法就是：从自己做起，为孩子做出好榜样。自律是和自己的人性打仗，需要付出，更需要莫大的毅力。我们都知道人生艰难，努力工作一天，谁不想放纵自己追个剧、发个朋友圈，谁不想来顿大餐接受食物体贴温软的安慰？我们可以选择这样的生活方式。但我们也可以选择另一种方式，尝试自律，并尝试把这种态度和方式传递给孩子。让孩子知道，世界上除了吃吃吃、躺躺躺的快乐，还有自律过后，更节制、更细水长流的快乐。两种快乐，无所谓谁比谁高级，但至少让孩子看到，有另一种方式，让他们自己来选择。

总之，父母对子女自律的教育，首先要做到的就是对自己的自律，只有先“自律”好自己，才能进一步让子女感受到尊重、理解与信任，才能让子女有一个良性的榜样，对我们有发自内心的认同与赞美，以此来促成一个稳定、和谐的家庭。其实我们在教育孩子的时候，孩子身上的缺点也正是我们自己的缺点，因此在解决这些问题的时候，正视自己远比一味责罚孩子来得更有意义！

人所共知的道理，再次赘述，只为提醒自己为孩子要做到更好。期待与您的下次分享！

祝

工作顺利！

一（1）班李君彤家长　谈丹

2017年9月30日

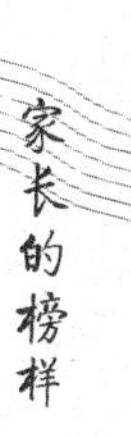

做孩子的榜样，与孩子共同进步

亲爱的寇校长：

您好！

看了您的来信，我深有感触，有很多想法想要与您交流。英国教育思想家托马斯·阿诺德说过：“父母的言行就是无声的老师，自觉或不自觉的榜样，强有力地发挥着潜移默化的作用。所以要想取得理想的教育功效，父母一定要以身作则，时时、处处、事事都严格要求自己，成为孩子人生的好榜样。”

有一个人非常喜欢喝酒，每天下班后，他都要到附近的酒馆喝几杯，经常喝到半夜才醉醺醺地回家。有一天，天空下起鹅毛大雪，积雪把路铺了厚厚的一层。下班后，他和往常一样向酒馆走去，走着走着，他听到后面发出奇怪的声音。他回头一看，原来是放学的儿子。儿子正顺着父亲的脚印走过来，他的小脸因为兴奋而涨得通红：“爸爸你看，我正在踩着你的脚印呢！这多有趣！”儿子的话让父亲心头一震。他立刻意识到，“如果我去酒馆，儿子顺着我的路走，也会找到酒馆的”。父亲马上改变了行走的路线，向家的方向走去。从那以后，他改掉了喝酒的习惯，再也没有去酒馆。

陪伴孩子成长的同时，家长要做好孩子的榜样。俗话说“己所不欲，勿施于人”，试想一下，孩子在家写作业，家长在旁边玩游戏、看手机，孩子会怎样想？还有的家长把孩子往培优班、托管班一送，就理所当然地认为孩子应该成绩好。有些孩子畏于家长产生了一种“你要我去我就去，至于学不学是我自己的事”的抵触心理，浪费金钱，浪费时间，孩子的成绩得不到提高，反而对学习和家长产生了抵触情绪。

父母希望孩子成为怎样一种人，就得首先在自己的言行中争做那种人。父母是孩子终身模仿的样板，父母的言传身教，对孩子的心理发展和品性形成起着非常重要的影响。因此，在孩子面前，我们大人千万不能忽视自己的榜样作用：当你在房间看电视，而让孩子到一边做作业时，孩子会怎么想？当你经常在背后议论别人的缺点时，孩子听到后会怎么做？当你为一点小事就与别人争吵甚至打架时，你有没有想过你的孩子以后也会这样对待别人？当你随地吐痰、随手乱丢垃圾时，有没有想过你的孩子以后也会变成这样的人？当你不了解情况，就训斥、体罚孩子时，他们心中会留下什么？

"随风潜入夜，润物细无声"，榜样的力量是无穷的。你留给孩子好的一面，将来，孩子也回报你优秀；你留给孩子不良的言行，将来，你收获的多半是失败。

教育孩子的实质在于教育自己，而自我教育则是父母影响孩子最有力的方法。要想把儿子培养成合格的小男子汉，爸爸应该意识到，自己就是男孩的模板，如果希望"复制"出让人满意的效果，就要把自己刻画得精细些。

托尔斯泰有句名言："全部教育，或者说千分之九百九十九的教育都归结到榜样上，归结到父母自己的端正和完善上。"这便是育人先育己，每位家长都应牢牢记住这一点，这对完善孩子的人格起到至关重要的作用。

我一己之见，教育孩子首先要以身作则，家长才是孩子最好的榜样。自律、高效、坚持是通向成功大门的三把金钥匙，唯有先改变自己，才能让孩子改变！在孩子成长的道路上，家长要做好孩子的榜样，与孩子共同进步！

三（4）班李妙言家长　李琼

2017 年 9 月 29 日

科学的学习方法

学习“三宝”

尊敬的寇校长：

您好！您这封关于科学学习方法的来信犹如雪中送炭般太及时了。

作为一名小学新生家长，我对于孩子是否上辅导班有些焦虑。说实话，我对现在的校外辅导班是有顾虑的。辅导班上得不好，不但没有收获，还会影响孩子在学校的常规学习。然而看到身边很多小学生都在上辅导班，我又担心自己的孩子落后了。举棋不定之间，我非常渴望有位教育专家能帮我指点指点迷津。

其实，作为一名小学生的家长，我打心底里是不愿意让孩子上辅导班的，原因有二。首先，我认为校内教育应该是孩子获取知识最根本的途径，学校应是灌输知识最负责任、最有的放矢，也是最有保障的地方。相比而言，校外辅导班的水平参差不齐、各成一派，部分老师的教学能力也是一言难尽。轻视校内知识的学习，盲目追求校外辅导，我认为是舍本逐末的表现。其次，孩子的时间和精力是有限的，课上抓紧，课后及时消化，小学阶段的知识应该基本可以掌握了，上辅导班有点画蛇添足。再次，我们大人常讲，人生不止眼前的苟且，还有诗和远方，意思是工作不是生活的全部。同理，学习也不应是生活的全部。我希望我的孩子不只是学习优秀，还应成为一个拥有独立人格、快乐童年、热爱生活、身心健康的儿童。在有限的课余时间里，我更愿意让孩子培养一点兴趣爱好，带她走出去看世界，感受生活。基于以上几点，我挺不乐意送孩子上辅导班的。

然而如今社会竞争如此激烈，学习还是学生最主要的任务。如何在不多占用时间的前提下搞好学习呢？我想对于不打算上辅导班的孩子而言，科学的学习方法是非常重要的，是点亮学习之路，减少走弯路的一盏明灯。看了寇校长您介绍的学习“三宝”，我感悟良多。学习“三宝”贯穿了学习的预习阶段、复习阶段和错题积累阶段，变被动学习为主动学习，将多而杂的知识化繁为简。在预习阶段，主张让孩子带着问题与疑惑去上课，以此提高课堂学习的兴趣，调动孩子主动思考的积极性；

在复习阶段，主张逐项梳理相似的知识点，分类与整理相近的考点，以便提高记忆能力；而使用错题本则针对自己的薄弱环节，强化训练，避免易错点反复出错。

我想，如果一个小学生能够坚持做到以上几点，学习成绩一定不会差到哪里去。我一定会把寇校长介绍的学习“三宝”介绍给我的孩子。后续我还会针对孩子的个人问题和不足，不断改进学习“三宝”，努力使其成为适合自己的、更实用的一套科学学习方法，使孩子受益终身。

此致

敬礼！

一（2）班汤雅涵家长　程铮

2017 年 1 月 7 日

良好的学习习惯，家长要坚持培养

寇校长：

您好！我已认真阅读您的来信，对文章里提到的学习管理八环节非常认同，并且跟孩子一起好好地学习了这篇文章，针对我们家长和孩子的实际情况，好好找了找自己身上的不足。

这八个环节其实孩子都有做，但是做得却不够完整。孩子在放学回家后，主要是学习磨洋工情况比较明显，看书、写作业，心不在焉，一会儿找笔，一会儿找橡皮，算算时间倒是耗得不少，但效率却不高。究其原因就是没有形成作业管理、讲求效率的好习惯。而孩子的习惯和性格，是日积月累逐渐形成的，良好的学习习惯培养更是如此。

我们作为家长，今后要更加注意自己在孩了面前的言行，在孩了学习的时候与她一起学习，主动向孩子提出问题，肯定孩子学习上的点滴好习惯。例如，孩子在看书时，有一个字不认识，主动地查字典。我们看到了会给予表扬，让她把这一点好习惯巩固下来。孩子和我们一起上街，问了很多有价值的问题，也要给予表扬。孩子刚看了一个电视节目，结果在和我说话的时候，就引用了里面的内容，还是要表扬的。尤其在学习语文方面，更要让孩子养成一些好的习惯。比如，问孩子能不能多动动笔，记记日记？看书、看报、听收音机、看电视时，能否随手记一点什么？再比如，让孩子多说说话，讲讲故事，谈谈学校里的事情。

当孩子与我们交流时，要耐心倾听，认真给予意见与建议，不要随意打断孩子的话，增加孩子的自信心；在平时和孩子的交谈中，让孩子尽量把话说得有条理，尽量简洁，不要带口头语，鼓励孩子多用书面语言。

孩子已经六年级了，很多事情我们可以跟孩子讲道理，强化责任意识，告诉孩子：“你的身份是学生，不能跟家长比，你的职责就是学习。”

从点点滴滴抓起，对孩子多一点启发，多一点鼓励，多一点帮助，孩子一定会逐渐养成良好的学习习惯。我们要与孩子一起学习，一起进步。

祝

工作顺利！

六（4）班　李紫怡家长

2017 年 1 月 7 日

"巧"的学习方法

尊敬的寇校长及体育馆小学的全体教师：

你们好！

寇校长给我们家长的第44封信当中谈到了学习方法，作为一名高中教师，这封信激起了我的共鸣。学习成绩的好坏既有先天性的聪明才智的因素，也有后天的学习方法在里面，可以说二者相辅相成，共同作用才能促进学生学习成绩的提高。小学如果能够养成好的学习习惯，掌握巧的学习方法，到了中学才能够在更大竞争中取得优异的成绩。

学习不外乎课堂和课后两个环节，我也就我的认识谈谈什么是好的学习方法。

首先是课堂。毫不夸张地说，课堂是学习的生命线，如果学生在老师的课堂教学中不能很好地吸收知识，那么课下的努力也是事倍功半的效果。课堂上关键就是要认真听讲，"认真听讲"不是仅仅"听"。听讲应该包括听老师讲和自己的动脑筋思考，很多同学都觉得，我听了，怎么这还是不会呢，其实可能就是在听的时候就仅仅是像听故事一样，没有思考，最后的结果就成了左耳进右耳出。所以，"上课认真听讲"，看似简单的一句话，做起来却要求很高。

其次是课后，课后包括的内容就很多了，并且自主性也很强。课后必须要做好老师布置的作业。老师布置的作业都是针对性很强的，针对课堂所讲内容的巩固训练。在上课听懂了的前提下，把作业认真完成，对于当天的知识点也就基本掌握了。低年级的作业量不大，一般的学生都能够很好地完成；但是到了高年级，由于知识变得更难，再加上有的学生课堂听讲的效率不高，作业完成起来就比较吃力，作业完成不好，当天所学的知识也就得不到巩固，长此以往就是恶性循环，于是成绩也就慢慢掉队了。

课后除了老师布置的作业，还要有自主的学习。不同学科自主学习的方法也不尽相同，比如：语文学科有时间可以多看看课外书籍，国内外的名著，这样可以拓宽自己的视野，在阅读中潜移默化地让自己的文学素养得到提高。而数学学科则可以做点训练题，让自己的计算能力得到提高，也能够加深对数学知识的认识及熟练程度。越到高年级，对自主学习能力的要求也就越高，而到了中学、大学，学生成绩的好坏很大程度都取决于自学能力。小学就应该让孩子逐步掌握自主学习的能力，学会自主学习。

最后必须要求的就是错题要订正，订正错题就是由不会到会的过程，毫不夸张地说，订正1个错题比多做2个新题都重要。需要明确的是，错题订正并不是简单地把正确答案写在旁边，而是应该把为什么错写清楚，正确答案是怎么得来的过程写明白。在时间允许和学有余力的条件下应该要有错题积累本。这个在低年级可以不强行要求，但是到了高年级就很重要了。错题集也是复习备考的依据。

其实，我们大部分的孩子智力水平差距是不大的，但是学习成绩的差距却非常明显，很大程度上和学习初期的学习习惯、学习方法有关。另外，所谓冰冻三尺非一日之寒，日复一日的知识点没过关，也就积累成大问题，然后恶性循环，成绩也就跟别人差得越来越大。可见，学习方法在学习过程中真是起了决定性的作用，相信只要能够按照适合自己的学习方法踏实做好学习当中的每一步，每个孩子都能获得优异的成绩！

二（4）班　王芷沁家长

2016年11月30日

让孩子掌握正确的学习方法

尊敬的寇校长：

您好！

因材施教、依性授学在我国已有千年的历史，当代的填鸭式教育已布满国内各校，渗及乡镇教育，一切以考试成绩说话，孩子的综合发展没有长足空间。而今天校长给我们家长的信让我耳目一新，也许这正是当今教育匮乏的一种创新。校长的这种让家长多听听学生的心声，让学生讲讲学习技巧，让学生总结一下见解，让学生来解密学习中的难疑，让学生向学生发出最具有共鸣的声音，让学生来推动学生的学习，以此达到以师教为主要导向和以学生自我能动性为走向的自我自发学习，并在学习中总结经验提升自我的目的。

虽然我家小孩廖梓漩还就读于小学二年级，自身还缺乏许多素养，对许多事物还处于懵懵懂懂的认识阶段，但我们家长始终认为孩子从小养成一个好的学习习惯对于日后的成长是至关重要的。今天校长让五年级一班的学生李亦乐给我们分享自我总结的学习“三宝”，就对孩子的学习很有启发性，其中许多很适合各年级的小学生，具有一定的实践性。如总结分享中提到的练习记忆“难写的字”就是孩子从最底层学习的一个基础，在慢慢的学习中就要养成一个积累知识的好方法、好习惯；又如理解词语，我的孩子现在就比较喜欢阅读，如果对词语不理解，她就完全不知道童话故事里写的是什么意思，日后的阅读首要的就要学会理解词语，理解了词语也就知道故事的意思了。还有我觉得最重要的就是五年级一班的李亦乐同学提出的“错题集”，这个经验可太宝贵了，我的孩子有时候就是经常在同一个字或同一个算术题上反复地犯同样的错误，有了这个经验就知道如何更改直至杜绝了。孩子养成了这个良好的学习习惯，便可以在长期学习中不断地改变自己，更新自己。

总之，李亦乐同学给我们分享的学习技巧及经验，我觉得是非常具有实践性的，有许多提议、见解和经验我觉得可以伴随孩子漫长的学习和成长过程。同时，这次学校给予的书信阅读机会，也让我们家长更明白，要学会和孩子多沟通、多交流，也许我们家长一直觉得对的东西并不一定适合孩子，孩子有自己的世界，有自己的观点。我们家长应该因势利导，配合学校帮助孩子养成一个好的生活习惯、好的学习习惯及输入好的学习经验。

二（2）班廖梓漩家长　阮珍

2017 年 1 月 8 日

用“数据”培养孩子的学习好习惯

寇校长：

您好！

首先祝贺我校的科技社团在此次建模比赛中取得了良好的成绩，这与老师们的悉心教导是分不开的！

在信中，老师及家长们总结出了学习的三要素和八大管理方法，让我和孩子受益匪浅；当然这所有的要素和管理方法都基于一个前提，那就是：培养良好的学习习惯。

培养良好的学习习惯，虽然只是简简单单的一句话，可是，每个重视教育的家长都知道，这个过程并不简单。我们成年人尚且有惰性和拖延的毛病，那么面对心智尚未成熟的孩子，如何培养他的良好习惯？

我自己的观点：孩子还在小学阶段，“与孩子做朋友”的西方教育观点可以借鉴，但并不完全适用于现阶段的我们。在培养学习习惯上，我们就是孩子的榜样和导师。在家里，我们家长就应该创造良好的学习氛围，激发孩子的学习兴趣，激励孩子的自信心，每天督促孩子认真完成作业，培养孩子勤思好学的好习惯，在孩子学习薄弱的地方，反复练习，直至赶上正常进度。

现在很多家长，把手机看得比孩子还要重要，寸步不离，我家也不例外。比如，吴懿轩的爸爸，每天回家一边抱着手机，一边对着孩子大喊：“你快点做作业啊！”而吴懿轩的爷爷是超级电视迷，每次电视机的声音开得大大的，情到深处还要对着电视大声地评论几句，或者哈哈大笑。这样的行为举止难道不会影响孩子？

真正的陪伴是家长与孩子身体和心灵的同频，家长应该以身作则，更应该参与到孩子的学习中来，而不是袖手旁观，同时又不断地对孩子提各种要求。当我意识到这一点，就组织了一次家庭会议，全家人包括孩子都约法三章，共同学习、共同进步。

我是一名财务人员，平时爱用数据说话，我发现用“数据”的方法来加强孩子的学习，也有不小的收获。每日，在我的记录本上记录孩子的错题及类型，一周下来进行一次小统计，这样就很容易发现孩子错题率最高的地方。对错题加强练习，一周后再进行统计，如此循环直至孩子的失误逐渐减少。写字也一样，书写不太规范的字，会在草稿纸上练习三遍、五遍，甚至十遍，直到书写规范为止。

这些方法我个人认为还是挺适用的，比如男孩子都有粗心的小毛病，在吴懿轩身上也体现得很明显，作业快速地做完他就觉得完事了，然后就痛痛快快地玩去了。等我检查作业的时候，发现多多少少存在一些问题，有些小问题反反复复地出现，这时候我就认为是学习习惯和学习态度上存在一定的问题，必须早点纠正。而错题本和记录本就成为我的好帮手，一段时间拿出来统计一次，用本子上记录的“数据”跟他谈话，更有说服力，他不得不心服口服。经常出错，或者经常反复的一些小毛病，就可以顺利得到纠正和杜绝。

以上是我自己平时在培养孩子方面的一点小心得，希望对老师和家长有所帮助。

二（2）班吴懿轩家长　余娟

2016 年 11 月 30 日

用好“复习本”

尊敬的寇校长：

您好！

您的第46封来信已收到。感谢您在百忙的年末，还不忘给家长朋友写信，一起静下心来分享学习方法，交流学习经验。感谢五（1）班李亦乐同学将自己的心得体会，委托您跟家长们分享，让家长们和孩子们重视“预习本”“错题集”和“复习本”这三大法宝，学习它们的正确使用方法。对于新时代的孩子们来说，掌握一套行之有效的学习方法，从而提高自己的学习能力，是非常关键的。对于您信中所写的这三大法宝，我们五（2）班很早就在运用了。

以“复习本”为例，我们班的语文“复习本”不仅收纳着“字词句段篇”的积累，而且每个单元都会由余老师挑选不同的同学或接受同学们的毛遂自荐，在班级QQ群里公开展示“复习本”，由其他44位同学来“找茬”。在“找茬”的过程中，既帮助了展示的同学发现自己的错误与不足，也帮助了其他的同学去避免类似的错误，还能帮助一些能力较薄弱的同学，让他们有了一个再学习和借鉴的机会，使“复习本”最大化地发挥其英雄用武之地。

期末考试将至，我们可以不盲目、不盲从，有针对性、个性化地制订复习计划，轻松完成阶段性的学习目标。合理管理好自己的时间，从容应对，相信孩子一定会遇见更好的自己。

祝您新年快乐！

五（2）班　龙奕然家长

2017年1月6日

有效的学习源于良好的习惯

寇校长：

您好！

每次读了您的来信我都受益匪浅。今天的来信中更是十分详细地告知了我们家长应该如何帮助孩子养成良好的学习习惯和有效的学习方法。

我们都知道培养孩子的良好习惯是首要的任务。为此，我们在家进行了以下方面的实践：

（1）督促孩子按时完成作业。每天下班回来吃完晚饭后，首先就是督促孩子把各项作业完成。开始，孩子在我没下班前就是回家先玩，等我回来后才开始做作业。后来我经常教育和鼓励她在我回家前做好自己能独立完成的作业，等我回来后再来订正和修改写得不规范的地方。这样，一来培养独立完成作业的习惯，二来节约时间。

（2）帮助孩子养成良好的学习习惯和方法。小孩子记得快，忘得也快，每天学习到的知识当天都能记住，但是过了一两天后就容易忘记。我们坚持每周末都要复习之前学过的内容，加强记忆。并且在复习中，我发现孩子会容易将一些同音字、形近字记混淆。这时候我们就要重点讲解分析它们的区别，通过比较相同和不同的地方，帮助孩子联想记忆和区分记忆。

（3）提倡孩子少看手机，多读书。刚开学的时候，孩子也很爱看手机，习惯不好，对视力更不好。针对这种情况，我们全家开始下决心一起努力改正这个坏毛病。我们大人一致同意在孩子面前不玩手机，并购买大量有趣的课外绘本。因为孩子的词汇量还少，绘本读起来比较容易理解，孩子独立阅读出文中的内容也容易加强自己的成就感，对阅读更有兴趣。

一个行为持续 30 天以上就会形成稳定的行为，超过 100 天就可以形成习惯，我们现在还在培养习惯的道路上努力前行，前面的路还很长，需要我们更多的耐心和恒心。我想今天借助校长分享的这么多的方法，我们家长一定能陪伴着孩子一起成为最好的自己！

祝

工作顺利！

一（3）班王希珍家长　王茜

2016年11月29日

牵着蜗牛散步 静待花开

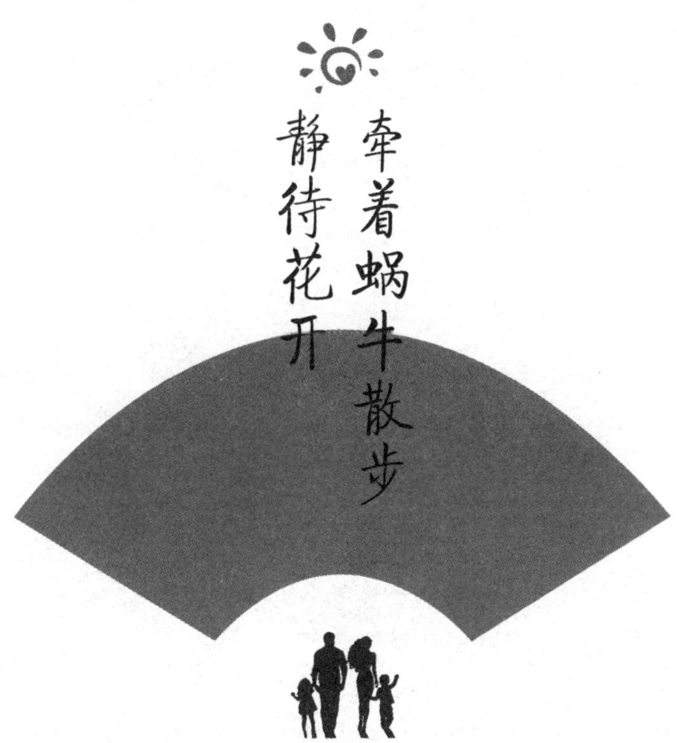

“放养”与“圈养”

寇校长：

新年好！

在您写给我们家长的第46封信中，我看到了李亦乐同学自己总结出了学习“三宝”，很是佩服。这名小同学已经养成了良好的学习习惯，并制订出一套适合自己的学习方法且愿意与大家分享，是和家长的培养、老师的教育分不开的。

教育是一个永恒的话题，是一门永远研究不完的学问，哪怕是再优秀的父母，面对着生灵活现、迥然各异的孩子，也无法用一套简单的教育理论来应对。我只能结合自身的育子经验来谈一些浅显的教育感想，希望能与其他家长共勉，共同来教育好我们的下一代。

孩子在上小学前，我和他爸爸就约好，要让他拥有一个完整和快乐的童年。在这种理念指导下，我们并没有用心对孩子进行系统的学前教育，基本在孩子上小学前，都处于松散式的管理状态，即大家熟称的“放养”。而很多孩子早已在入学前就进行过各类系统的培训，这种差距在吴懿轩上一年级后很快体现了出来。

当我看到其他的孩子，钢琴过了八级、绘画金奖或银奖、围棋二段、跆拳道蓝带、一口流利的英语、很厉害的珠心算、一手漂亮的铅笔字……这些顿时让我感觉到了压力和心慌。为什么别人家的孩子都那么优秀？“放养”错了吗？我该怎么办？

是知识，让我找到了弥补这种差距的方法。我在电脑上找寻了各类育子书籍，并从中挑选了一些评价较高的下载到电子书上。对于一些无法下载的，网评又较好的书，我都会网购回来阅读。还有很多微信公众号里的优秀文章和好的教育方法，我都会记录下来。有空我也会同其他的家长交流沟通。通过学习，视野被彻底打开，我明白了原来教育是一门如此之深的学问，明白了家长其实是一门特殊的职业，只是它不像其他职业需持上岗证，我们每位家长都需要加油才能成为真正合格的家长。

一年多来，我不断地反省、不断地总结教育方法，在日常生活中小心翼翼地控制着自己的坏脾气，把握好教育的尺度，尽量不让孩子为我的坏情绪背黑锅。比如说，鼓励要适度，批评也是必需的，尤其对孩子的错误允许反复等等。孩子的成长，其实也是我们自己为人父母的一个成长过程，遇到问题多反省自己，而不是责骂孩子。通过持续不断的努力，到了二年级，吴懿轩同学终于慢慢有了可喜的变化：他自信，开朗，爱阅读，主动积极地完成作业，并与我分享班级中的一些趣事，也经常成为体育项目的示范者，获得老师和同学们的一致好评。

在教育孩子的过程中，老师的作用非常重要。吴懿轩能有现在的进步，不仅仅是得益于父母的努力，也和老师的关心、教育密不可分。老师在孩子出现问题时，能及时地与家长沟通，宽容地对待孩子的每一次错误，并不断地鼓励孩子。我为孩子能遇到这样的好老师而感到非常庆幸。

总之，孩子的教育是一门学问，不论是家长，还是老师，对孩子都要充满爱心、恒心、信心。相信只要我们持之以恒地关注教育、关注孩子，并辅之以科学的理念、正确的方法，孩子一定会给我们一个惊喜的回报。

二（2）班吴懿轩家长　余娟

2017年1月6日

“身教”重于“言教”

尊敬的寇校长及各位老师：

你们好！

拜读了校长致家长的第11封信，从中领略到了学校为学生的健康成长付出的良苦用心，一校之长能时时刻刻心系学生，这种敬业精神使我感慨！

校长信中提到的朋友，成功培养其子成为名牌大学的优秀生，关键在于他针对其子的特点，合理运用了非智力因素培养法，收到良好的结果，这个成功的例子对我起到一个借鉴作用。但是，每一位家长都应该明白一个道理：没有任何一种教育方法是十全十美的，只有从每一个孩子的具体情况出发，才是良方。比如：“虎妈”的惩戒教育法，“猫爸”的兴趣教育法，还有快乐教育法，因势利导法等等，在实践中都有成功的例子，所以也都是行之有效的方法。具体如何操作呢？就是仁者见仁、智者见智，具体问题具体分析了。

我以为，校方之所以推出“致家长的一封信”的举措，是因为，校方向家长表达的一种诚意，要与家长交流互动，以让更多的家长参与，让更多的主张和想法碰撞，汇聚成集体智慧，以求校方、家长、学生三方和谐互动，找准适合每一个学生的方法，最终达到学生成才之目的。鉴于此，作为家长，我谈谈自己的五年家庭教育的粗浅感受。其中，有些观点可能偏颇或错误，希望在交流的过程中，老师们多多批评指正！

一、学前教育是基础。

俗话说：“三岁看大，七岁看老”，这句话形象地点明了早期教育的时机，在教育实施的最佳时期，父母是孩子的第一位老师，其言行起到重要作用。家庭教育有着学校教育和社会教育难以取代的作用。教育孩子是一门科学，也是一门艺术，把自己的孩子教育成一个德、智、体、美、劳全面发展的好孩子，其实从出生就开始了。孩子在上小学前就应有一定的智力和非智力因素的能力基础，为上小学打下良好基础，这才是关键。

二、小学阶段家庭教育的重要性和必要性。

小学阶段是孩子正确的世界观、人生观和价值观形成的关键时期，家庭教育尤为重要。而学校教育是一种“逐才”教育，是一种具有普遍意义的教育，孩子在学校能接受到不同主体的各方面教育。所以学校教育是人生教育中不可或缺的一种教育形式，在所有教育主体的层次中处于主导地位，不可或缺。社会教育是学校教育的一种延伸和扩展，具有复杂性。家庭教育是学校教育和社会教育的辅助和补充。好的家庭教育能够充分发挥学校教育的效果，并弥补普遍教育的一些不足，具有个体性和针对性。比如说：有的孩子性格内向、外向、活泼、安静，有的孩子善于语言表达，有的孩子勤于思考等，每一个孩子的性格特征都有很大差异，没有十全十美，更没有一无是处。如果寄希望于学校解决全部问题那是不现实的，也是不切合实际的。目前，我们国家的经济发展和社会发展程度还不足以满足对每一个孩子个体化、差异化教育的需求。因此，小学阶段家庭教育有其必要性。

三、家长应提高对家庭教育的认识。

在现实生活中，我常听到一些家长对教育体制的抱怨，对学校及老师的抱怨，从不找自身原因，这样教育出的孩子，长大后只要工作没做好，必定找理由，这样将会影响孩子一生的发展。家长是孩子的一面镜子，因此，要想让孩子全面发展，就得“以身作则”“正子先正己”，家庭教育中“身教”重于“言教”。托尔斯泰曾说：“在一个家庭中，只有父亲能自己教育自己时，在那里才能产生孩子的自我教育；没有父亲的榜样，一切有关孩子进行自我教育的谈话都将变成空谈。”在目前国家的教育改革中，改革还需要一个研究探索和试验的漫长过程，但是我国的教育评价体系仍然是以成绩作为硬指标，这就是现状。在此情况下，充分发挥家庭教育的辅助和补充作用尤为重要和迫切。借致家长的一封信，同学校、老师密切配合和深入沟通，掌握孩子的实际情况，对孩子进行针对性、差异性的个体化教育培养，充分挖掘孩子的潜力，使其能力发挥最大化，是当前学校和家长的当务之急。因此，我希望与学校沟通，虽然教育改革之中还存在不少问题，虽然我的家庭教育还有许多不足，但是回头看，社会的进步是巨大的，我认为在学校和家长的共同努力下，在不久的将来，体小会有新的发展，学生的综合能力会有大的提高，家长也会得到更多的指导和进步。

谨以此文与大家共勉！如果能起到抛砖引玉之效，我甚感欣慰。

此致

敬礼！

五（1）班　王世阳家长

2011 年 10 月 2 日

放慢脚步，成就的何止是孩子

——读《牵着蜗牛去散步》回信

寇校长：

您好！

看了这位家长的信，我深有感触。国庆节前一天孩子把考试的卷子拿回家，她怯生生地告诉我：“妈妈，我的数学考了97分，错的地方我已经改过来了。”我接过卷子一看，错的题目居然是我在家给她出过的题目，而且还是她练习过两次的题目。当时看了卷子我特别生气。因为平时我对孩子的学习要求比较严格，所以她很怕我，我一再要求她考试必须达到100分。我把孩子叫到跟前劈头盖脸地训了一顿，孩子吓得不敢吱声，想哭却又不敢流泪。

读了这封信后，我晚上睡在床上想了很久，我到底是希望孩子考试拿百分，还是想让孩子理解知识，掌握方法呢？我对孩子是不是太苛责了？回想孩子每次生病时，看着她病恹恹的样子，我心里特别难受，恨不能代替她生病，那时在心里发誓，只要孩子能健健康康，其他什么都不重要了。可等孩子病好了后，当初心里的那个誓言早已忘得干干净净，一切又恢复到原样，抓学习，追求分数。家长习惯了把社会上的功利想法强加到孩子身上，而要求孩子一味地追求分数，把自己的虚荣心扔给孩子，让孩子承担家长的虚伪。所以我们用火箭般的速度，拉着只能一步一步走的孩子，朝着看不见的远方飞速前进；用大海般的题库，灌进小小的脑袋里。家长埋怨孩子跟不上自己的脚步，孩子却责怪大人们没有让他们喘气；家长责备孩子没有记性，孩子却吵着没有时间休息。

我们家长何不放慢脚步，把自己主观的想法放在一边，陪着孩子静静体味生活的滋味，倾听孩子内心的声音，给自己留一点时间，从没完没了的生活里探出头，这其中成就的何止是孩子！

一（2）班李鑫祺家长　鲁芬

2011年10月

好习惯为孩子的一生奠基

寇校长：

您好！

国庆节前夕我们又一次收到了您的《校长致家长的第八封信》（以下简称《信》）。在《信》的伴随下，我们的外孙女王霭霖已上三年级了，毫不夸张地说，是《信》教会了我们如何做一名合格的家长。之所以这样说，是因为王霭霖远离父母，从澳大利亚回到中国来学习中文，很荣幸地在武汉体育馆小学开始了她的启蒙学习阶段。作为外祖父母，我们丝毫没有新时期小学家长的经验，有的是爱孩子的心和认真负责的态度。因此，《信》对我们来说是“教科书”，是“及时雨”，我们如饥似渴地阅读每一封《信》，并与孩子的实际相结合，取得了好的成效。

（一）好习惯为孩子的一生奠基

刚上一年级时，王霭霖是全校年龄最小的学生，又没有幼儿园和小学衔接的经历，家长不免忧心忡忡，却又不知从何着手。此时我们收到了第一封《信》，班级又召开了以“好习惯为孩子的一生奠基”为主旨的家长会，顿觉豁然开朗，明白了孩子的好习惯不是一朝一夕能养成的，需要坚持不懈，从一点一滴做起。我们立马和孩子一道制订培养好习惯的分阶段重点目标，例如：时间不拖延，不懂就问虚心学，遵章守纪讲文明，集中精力不马虎，互帮互学重团队等目标。并将制订出的目标分阶段落实在具体行动上。在合理安排时间上，刚上一年级的学生对于时间的概念不清，我们就对放学后的时间重点安排，先练一小时钢琴和长笛，晚餐后过半小时做作业（复习加预习）。培养好习惯，首先要求孩子在校上课集中精力认真听讲，按时完成课堂作业；其次放学回家既有娱乐活动，又有复习加预习，基本做到学习无死角，生活有乐趣。在学习中培养好习惯也很重要，例如语文学习中要养成积累的好习惯，用专用本摘抄记录好词好句，平时注意加强中文的语言沟通、阅读、写作能力的学习，数学学习中注意提高读题、审题能力和计算速度，养成认真仔细的学习习惯。孩子虽未参加课外培优补习，但语、数成绩总是保持前列。她的作文还被选贴在校门口的板报上展览。

（二）特别狠心特别爱

记得有一期《信》中专门讲了“特别狠心特别爱”的话题。给孩子“特别爱”家长很容易做到，“特别狠心”却不容易做到，祖辈对孙辈更难狠下心来。但想想孩子的未来，还是应该“特别狠心特别爱”。于是我们利用一切机会，讲“适者生存”的道理，讲“我想做”和“我应该做”的关系与结果，教育孩子正确对待困难和挫折。二年级下学期时，硚口区评选“校园之星”，王霭霖被学校推荐参加“艺术之星”评选，家长与孩子一起精心制作了一套参评材料。后来，班上同学都说她被评上了“校园艺术之星”，她也很自信。结果“六一”庆祝会颁奖时并没有她的名字。她不甘心，又找到大队辅导员周老师问，得到了同样的答案。放学时，她沮丧地告诉我们结果并流下了伤心的泪水。我们对她说：“无论你有没有被评上，你都是最棒的！因为你才 6 岁多就通过了全国钢琴业余六级考试，并且在多个比赛中获金奖；还代表学校参加市管乐比赛（长笛手）获集体银奖。两年来获学校颁发的各类奖状也有十几张。到目前为止，有谁能打破我们霭霖的记录呢?”说得她破涕为笑，顿时把烦恼抛在脑后。当二（2）班班主任汪华芳老师知道后找她谈话，她信心十足地说：“没关系，我会继续努力的!”果然，今年暑假进京参加由中央人民广播电台举办，由中央电视台少儿节目主持人“芝麻哥哥”主持，由著名青年歌唱家白雪代言，由舞蹈家陈爱莲等众多明星参加的“光大爱心宝宝 —— 七彩阳光全国青少年才艺展评”获小学 A 组的钢琴金奖。

两年多来，我们在《信》的及时指导下，在成为合格家长的道路上与孩子一起成长。体育馆小学的学生是幸运的，有寇校长和她的优秀团队，使学校走在了“教改”的前列。我们相信：《信》提供的大好平台，一定能演出一幕幕生动活泼、教书育人的精彩大戏，每个有关联的人都会从中找到适合自己的角色。遗憾的是，由于孩子的护照在中国的签证期即将到期，她将回到澳大利亚墨尔本开始新的学习生活，她在此的经历会让她受益一生。

“桃李不言，下自成蹊”，正如王霭霖在作文“师生情”中所写，无论将来在哪里，都会一辈子记住体育馆小学，记住自己的启蒙老师！

谢谢！

三（2）班王霭霖家长　罗文秀

2011 年 10 月 6 日

后记

王霭霖回到澳洲后，家长与孩子一同继续践行着“好习惯为孩子的一生奠基”等《信》的精髓思想，半年内基本克服了英语语言障碍。在课外零补习的情况下，2015 年考上了好中学的精英班（快班，7&8 年级），在这两年内，共参加学校举办的大型音乐会十场，在管弦乐队中担任首席钢琴和首席长笛乐手。2017 年又考上了顶尖的墨尔本精英女校——麦克罗宾逊女校的快班（9—12 年级），并通过了澳大利亚钢琴最高级的 8 级考试。

你们的孩子都很棒

寇校长：

您好！

这次您的来信给了我很多感悟，关于怎么培养并且教育好孩子一直都是困扰我的事。我曾经也借鉴过一些成功家长的方法，但是效果微乎其微。

我孩子现在读三年级，是男孩子，调皮贪玩，学习成绩不稳定，主动学习意识也不强。平时在学习上我也想办法多鼓励他，但是他全是嘴上功夫，说一套做一套。我自己也反思过，看问题是不是出现在我身上，但是没有明显的效果。难道真是我没有办法去了解我孩子的真实想法？是否我一直都在根据自己的需求去要求孩子？还是我本身教育他的方法就有问题，跟他缺少沟通？一连串的问题困扰着我，让我不知道从哪里去解决问题！

慢慢地我从书上找答案，也读了一些关于教育孩子的书籍，有一句话：孩子在成长的过程中，父母若能给予尊重和接纳，协助孩子更清楚地认识自我，培养孩子的自信和自尊，并且让孩子自己做决定，必能积极发挥孩子的潜能。因为这句话所以现在我的问题就找到了，也就是一味对孩子要求高，不管他能不能达到，根本就没有去了解孩子的真实想法，因而他对我的教育方法反感，也没有带来任何的效果，只会一味地去批评而没有表扬，打击了他的自信心，最后还成为了他一直挂嘴边的“啰唆、不相信他的妈妈”。现在想想当时我批评他时，他心里应该是多么无奈：“妈妈不理解我，只知道做错了说我，根本就不知道我心里是怎么想的、为什么不会……”所以现在我学会去倾听孩子的任何想法，让他去尝试一切。

今天给您的回信都是我心里最真实的表达，我以后也会慢慢地找到适合孩子、对孩子有益的方法来引导教育他，相信在不久以后他一定会是个自信大方又有责任感的好孩子好学生。

最后也想告诉所有处于困惑中的爸爸妈妈们，你们的孩子都很棒，都是一颗好种子，只是开花的时期不一样，需要用更多的爱去浇灌他们，以后一定会是一朵最灿烂最鲜艳的花朵！

三（4）班　代逸凡家长

2018 年 1 月 20 日

养玉与琢玉

尊敬的寇校长：

您好！在“五一”假期，我仔细拜读了您的《给家长的第 41 封信》，深受启发，不禁让我想起一句古诗“细观玉轩吟，一生良苦心。雕琢复雕琢，片玉万黄金”。

每个孩子都是落入凡间的精灵，每当呱呱坠地之时，都被寄寓了父母全部的期望，牙牙学语不经意的几个发音，随手即兴涂鸦的几个图形，都会被家长们烙上“某某天才”的初印象，送去学习，送去培养。可世上哪有那么多的天才，即便天资如郎朗，可谁又知道成功背后的艰辛。“欲戴王冠，必承其重”，成功的背后必定是巨大的付出，当然不是每个付出的人都会成功，不然世上也不会只有一个郎朗了。

邻居家有一个小女孩，和我的女儿一般大，也读一年级，家里花了很大力气送去某名校就读，每天放学后学英语，周六学画画，周日学跳舞。有次她生病了我去看她，她对我说，希望能多病几天，这样就可以在家好好休息，不用上学了。我当时听了很心酸，学这么多，家长以为是对孩子好，可孩子心里是拒绝的。我对她说：“你觉得累，不想学，想休息，可以跟爸爸妈妈说啊！”她说：“我不敢，我怕说了骂我懒。”据我所知，她的学习成绩也不太理想，并不是孩子笨，而是孩子太累了，每天被堆成山的课程压得喘不过气来，对学习没有兴趣了，拔苗助长，往往适得其反。当然，我并不反对培养孩子的兴趣，反倒觉得兴趣是点亮孩子人生的一盏灯，前提是尊崇孩子的心之所向，不要勉为其难。

作为一名一年级小学生的妈妈，我还处于过渡期。以前放学休假，基本上就是带孩子玩，现在不行了，老师的作业必须要完成。一（4）班的班主任张老师给孩子布置了“每周一画”的作业，刚开始我确实有点不理解，语文老师怎么布置美术作业呢？慢慢地我开始体会到老师的用心了：一年级的孩子写作水平有限，只有通过绘画这种具象的表达形式加深培养孩子对日常生活的观察能力和思考能力。刚开始画时，我们还会帮点忙，现在孩子都是自己独立完成，对日常生活的观察也更细致了，这些都得益于张老师的教导。

我喜欢看孩子灵动的眼神，不希望这双眼被疲惫与麻木遮住了光彩。所以我不过度消费孩子对学习的求知欲，提倡效率学习，学、玩结合。试想一下，人坐在那里，心却飞了，这种学习哪有意义？我尊重孩子的选择，跟她有关的事情，但凡在她的认知范围之内，我都会让她自己选择，然后帮她分析，告诉她选择的结果，有时即使明知道孩子的决定是错的，我也给她机会去尝试，因为这样她又多了一次人生经验。我告诉她不要太在意分数，分数只是一个数字，而能力是无法用分数界定的。多阅读、多思考，学会正确地表达自己的意思是目前这阶段的学习目标。

我很感恩，因为孩子进了这么重视素质教育的体育馆小学；我很知足，因为孩子有这么有爱的老师来栽培与雕琢。父母是孩子的榜样，我也要与时俱进，提高自身的能力与素养，让家庭教育与学校教育相互融合、相互渗透。

爱孩子，不光要爱孩子的优点，更要包容孩子的缺点。每个孩子都有自己的闪光点，看不到是因为欣赏的角度不对。我从不奢望自己的孩子以后有多优秀，只希望她能踏实、从容、乐观地走好自己的每一步！

一（4）班李妙言家长　李琼
2018 年 1 月

我们在同一片蓝天下

放慢脚步静等孩子的回应

尊敬的寇校长：

您好！每次拜读您的信件，我都会对自己在孩子的教育方面进行一次深深的思考。今天我想谈谈我这几个月在孩子教育方面的想法。

今年八月份的时候，身边同龄的孩子都开始陆续报到了。好几个朋友都把孩子送到了寄宿学校，我当即表示了不理解，这么小的孩子离开父母怎么生活？我认为这个年纪的孩子是非常需要父母的陪伴的。

九月份，孩子开学了。每天回家陪孩子一起学习，让我感觉非常痛苦。我开始羡慕那些把孩子送往寄宿学校的朋友。孩子上学以后，我停止了晚上的一切社交活动，每天对着孩子“口吐白沫”，而他却只回我一个茫然的眼神。这双空洞的大眼睛给了我深深的挫败感。他让我回想起三月份去潜水时的情形。我需要从一个完全的“小白”开始，学习水下呼吸、控制中性浮力以及处理突发事件。我花了很长时间才勉强掌握，好几次都让教练抓狂。因为他觉得这些技巧已经是他的原始本能，而这样本能的反应为什么到了我这里就这么难学会呢？我想那时候教练的想法就是我此时的心里写照。我认为很简单的事情，以孩子现在的程度就是无法理解。我感觉我必须给他更多的时间，投入更多的精力，用更加适合他的方法给他讲解。

每天陪着孩子一起学习，发现他的点滴成长，我慢慢感到满足。我知道我前段时间太急躁了。我庆幸在最难的时期里，我选择了自己教，而不是送他去托管班。我认为小学的头三年是学习习惯培养的重要时期，不该假手于他人。同时，这也是我们一天里唯一的相处时光，我非常珍惜这个时刻。

本周五送孩子上学的时候，我有了一点小情绪。事情是这样的，因为孩子他爸最近工作忙，我临时顶替送孩子上学。其实这是孩子上学以来我第三次送他。第一次是孩子开学的第一天，我特意请了假去送他。第二次是一周以前，因为送孩子上学，我迟到了。虽然领导没有批评我，但是心里还是很不舒服。周五的时候就是第三次。路上，我已经预料到自己会迟到，所以有点小烦躁。我觉得孩子的出生改变了我的人生路，也打乱了我的规划。如果不是有足够的时间、精力、财力，我觉得根本就不应该带孩子来到这个纷乱的世界。路上我生着闷气，没怎么说话，孩子几次看着我欲言又止。把孩子送到学校，他有点忐忑地看了看我，礼貌地跟我说再见，末了他又拉开车门轻轻地说：“妈妈，路上慢点开车。”当时我有点懵，没想到孩子会说出这样的话来。看着孩子离开的背影，我有点失神了。我脾气暴躁，没少吼他打他。可无论我怎么收拾他，下一秒孩子都会小心翼翼地来哄我。他从来不生我的气，也不嫌弃自己有个无能的妈妈。他一直都在陪着我学习，等待我的成长。一个孩子可以如此，我为什么不能为了他而改变？

与孩子相处，我学到了很多一直在变更的知识。

与孩子相处，我学会了放慢脚步、弯下腰，静静地等待对方的回应。

与孩子相处，我学会了关系的重要性。明白了在关系里，每个人都必须适当地改变，才能更好地维系关系。

与孩子相处，我明白了无条件地爱着对方的不只是父母，更多的是孩子。

以上部分都是我在平时相处中的一些拙见，有不正确的地方还望寇校长指出。

此致

敬礼！

一（2）班董柏辰家长　李雅婷

2017 年 12 月 24 日

给孩子一个说话的机会

尊敬的寇校长：

您好！很高兴收到您写给家长的第52封信，这封信您分享了我班家长周思伲妈妈的回信，每次读完您给家长的信，都会受到启发，很感谢您在百忙之中还经常跟家长交流教育心得。

孩子们现在缺少独立思考的环境和条件，我们不得不感慨，孩子现在能说了算的时候太少了，久而久之，孩子们也懒得动脑筋想了，怎样才能给孩子创造一个学会独立思考的环境呢？儿童具有和成人一样的人格和尊严，具有丰富的精神世界，所以作为家长，我们要尊重孩子的人格和尊严，不能随意地践踏。例如，在课余的兴趣班中，看到其他孩子积极、认真地学习，而自己的孩子明显注意力不集中时，家长往往会不分青红皂白就训斥孩子，打骂孩子，家长的做法就是对孩子人格和尊严的一种践踏。为什么我们就不能听听孩子的想法，给他一个申辩的机会呢？我们要为孩子找到一个适合他们年龄特点和学习特点的兴趣班，例如孩子特别喜欢打篮球，我们可以给他找一个相对宽敞、安全的场地，让他在里面尽情地玩耍，但不是没有目的的玩耍，而是在教练有目的的引导下，提高身体协调能力等。所以当家长在为孩子做任何一个决定时，记得要先“咨询”或者“告知”一下孩子，不要把成人的想法强加给他们，要给他们一个“说话”的机会。即使他们不能发表有效的建议，但他却有选择和知道的权利。

三（4）班　吴若涵家长

2017年12月23日

给孩子一片自由的天空

尊敬的校长：

您好！

经常收到您给家长的信，不知不觉已过去了半年的时间了，经过半年学生生活的磨炼，小孩已经从小朋友慢慢变得有小学生的样子了，看着他成长的样子，真是让人感慨呢。

经常读您的信，关于您对教育、对小孩成长方面的观念，我非常赞同，小孩就是应该有自己的天性，家长不应该过多地将自己的观点、思想强加给孩子，我记得有这样一句话，“孩子是因你而来，不是为你而来”，他也有自己的思想、自己的人生，强迫孩子走自己认为对的路，结果并不一定好。其实，每个孩子都是独一无二的，都有适合自己的路，这条路应该是他在自己成长旅途上慢慢摸索出来的。“知之不如好之，好之不如乐之”，只有做他感觉快乐的事，他才会有动力。

记得我读过的一本儿童心理学的书里曾写道：“有了自由，孩子就会选择自己感兴趣的东西；因为有兴趣，他就会反复做，就变得专注；在长久的专注中，他逐渐感知并把握了事物的规律，他就愿意遵守它，就有了自我控制力。”记得孩子在小的时候很爱玩水，家里老人常常阻止他，认为玩水会弄湿衣服，天气不好时还有可能引发感冒或发烧等病症。而我在家时，常常给他穿上防水的罩衣，事先约定好他玩耍的范围在洗手间，如果天气凉就打开浴霸，孩子每次都非常开心也配合得相当好，玩得由衷地高兴并极具创造力，这个过程中也锻炼出了规则感。因为，他知道想玩水一定要换上防水的外衣，玩的范围在哪里以及可以发挥的空间在何处。

给孩子充分的自由——充分发挥潜力的自由，以及充分认知的自由，是非常重要的。当孩子能对自己力所能及的事情做主的时候，他自然就能自动遵守生活中的准则，也自然就拥有了自我控制的能力，这才是我们在孩子成长过程中最需要关注和陪伴的内容。

一（3）班杨惟义家长　杨飞

2017 年 12 月

孩子需要共情的父母

尊敬的寇校长：

您好！

很高兴又到了给校长写信的时候了，攒了一个月的话，感觉有很多内容想跟您交流，不过今天我最想谈的话题是亲子关系。

最近网络上常出现些关于在教育孩子过程中，由于教育方法或者沟通方式以及在孩子成长过程中日积月累下来的一些隔阂，而造成孩子做出过激行为的新闻。看到这些痛心的新闻案例，家长们不禁哗然，现在的孩子是怎么了？社会各界都十分关注这类新闻，不少专家学者纷纷在网络媒体上分析和诊断这种紧张的亲子关系，大体看来，都跟家长不正确的引导有关，用心理学角度解释，就是家长不懂得“共情”。

剑桥英语词典对“共情”的定义是：能够想象自己置身于对方处境，并体会对方的感受的能力。“共情”这个词，在近些年的亲子教育中似乎很流行，也为爸爸妈妈所广泛接受，其实说通俗些，也就是情商的一种体现。

专家指出懂得共情的父母，更容易走进孩子的内心。这不正是为人父母最想拥有的能力吗，无论身在哪个年龄阶段的父母，都希望能走入孩子的内心深处，了解他们最真实的想法。科学证明当孩子陷入负面的情绪中，大脑处于非整合状态，其负责思考的部分已经无法有效进行工作。这时父母说道理，孩子往往很难听进去，即使听到了，也很难理解和消化，更别说心悦诚服地执行。其次，在讲道理时，孩子和家长的地位往往是不平等的，因此一旦开始了说教模式，再有道理的言语也变得乏味，难以接受，更容易让孩子觉得“你根本不理解我”，激起孩子的反感和逆反。

所以，孩子在表达自己需求的时候，我们要学会闭嘴！认真听完孩子的话没有那么难。情商教育，作为父母我们责无旁贷，教导孩子引导孩子，懂得共情的孩子，在未来人际关系的沟通中也会显示出更高情商，更受欢迎。

想说的话还有很多很多，在未来的日子里再跟校长您娓娓道来，期待您的下一封来信，并祝您工作顺利、身体健康！

二（1）班鲍啸东家长　华惠欢

2017年4月26日

我们在同一片天空下

寇校长：

您好！今天校长来信中分享了三年级周思伲妈妈的回信，我也很认同周妈妈的想法和见解，说得太好了，周妈妈是个很有思想也好学的家长。

每次收到来信，都能从寇校长的所想所感所悟或是分享的优秀交流经验中受到极大的启发，从而能及时调整和提高自己的教育方法和理念。校长来信是孩子小学阶段很有价值的教育指导思想，对于我们家长来说很有必要也很重要！特别是每当我在忙着工作和生活，对教育孩子渐渐松懈、忽略孩子的时候，正是寇校长长期地坚持来信和思想陪伴，让我不至于偏离轨道而重新调整自我、规范自己，促使我和儿子一起学习不懈、努力成长！

在生活中，我常常告诫自己和孩子，时间是可以挤出来的，只要合理安排好时间，珍惜时间，尽全力就可以做到更好更多！有很多事如果不能在白天做完，在晚上即使再晚我也不会拖到第二天，所以儿子自己的学习安排他都能尽力做到当日事当日毕，我会鼓励和支持他，让他挤出更多时间来看书和玩耍。比如以前我们全家在一起讨论如何快乐地让孩子过周末，决定跟儿子提前规划好周末的安排，爸爸会尽力提前做好要做的工作，避开周末所有的外出工作活动，给我和孩子留出时间。特别是周六，是儿子的自由活动时间，由孩子自己安排支配，和小伙伴在家一起玩，或者约同伴外出参观、踏青游玩，或者看电影，或者去书吧看书等等都可以，但前提是不能耽搁学习任务。孩子很自觉，会尽力在周五晚上就把作业完成，实在完成不了也会做好规划，在周日不影响毛笔课的前提下一定完成，并做好周一的准备工作。我们会尽力不干扰他的安排和学习，全力配合，每晚睡前看到儿子都在安静地看书，我们也由衷地感到轻松和欣慰。

优秀的孩子都是优秀教育的成果，是优秀的学校教育和优秀的家庭教育共同努力的结果。相信每个优秀的家长都在为自己的孩子费尽心思，我能感受到时刻都有学习的紧迫感！

孩子在身边的时候，我都尽量不玩手机和看电视，这样孩子就不会惦记着“陪我了”。正如来信中提到的，生活中的各种诱惑和问题不断地在分散我们的注意力和坚持的勇气，阻止和让我们不能静心地去思考和坚持好家庭教育。想到这里，孩子又何尝不是在同一片天空下呢？这样就更能理解和包容我的孩子了，关键在于我们有没有给孩子创造一个可以静下心来学习的氛围和环境。

如果我想孩子变得更优秀，那可能更需要改变和完善的是我自己。给自己加油打气！

四（3）班林德宗家长　黄琦

2017 年 12 月 24 日

真正要学习的是我自己

尊敬的寇校长：

您好！

今天收到您写的第 52 封信，我认真细读之后，内心深有触动，您说的句句都戳中我们家长的心，您所关注的：孩子学习不专注、注意力不集中，学习时做不到凝神静气，在学校课堂上听课容易“走神”，在家里做作业不认真，爱拖拉，喜欢磨蹭。这是目前孩子普遍存在的一种现象，也是当下最令我们家长头痛和揪心的问题。

今天，我读了您的来信，开始反思自己：作为家长，身为孩子父母的我，在要求孩子时，对孩子不是很满意的时候，我们自己又在干什么呢？自己是否做到了时刻要求自己呢？自己在陪伴孩子的时候有没有做到全心全意呢？我自己不学习不爱看书不进步，却每天要求我的孩子要好好学习。我身为父母对孩子没有足够的耐心，一有不顺意的事情就情绪不稳定，焦虑不安。我跟着别人，人云亦云，别人说“这样”自己就“这样”，别人说“那样”就去做“那样”，始终缺乏主见，也就没有生命的力量影响到孩子。我天天都在这样一个环境中叫“人家说”，也不知道那个“人家说”的道理何在，动不动就是“人家说”，一会听人家说这样，一会听人家说那样，最后我就活得不成样子，因为我找不到“人家说”的意义何在。

在我家孩子刘奕翊一年级的时候，我听人家说书写很重要，一年级就应该练字，于是我马上去给她报了个练字班，因为写出一手漂亮的字也是我一直的理想。当时我没有问问孩子的意见，也没有考虑她有没有兴趣，可是对一个七八岁学过画画，有强烈色彩感的孩子来说，每次上课都是白纸黑字，简单枯燥的笔画训练，一个学期不到就开始厌烦了，不想学了，老师每天布置的作业懒得做，开始拖拉、磨蹭。有一天，孩子问我：妈妈，你为什么不练字呢？你每天在我的作文本上签的字，我都不认识，你可不可以好好写一次，一笔一画写清楚。当时我语重心长地跟孩子说：我的好孩子，就是因为妈妈做学生时没有好好练字，字写得太丑了，所以希望你以后不要像妈妈，现在认真把字练好，别像我一样留下遗憾。刘奕翊马上说：妈妈你现在也可以每天跟着我一同练字呀，你的字写得那么难看，你从来都不练，却每天要求我练，你不公平！

在我家宝贝刘奕翊的强烈要求下，我开始学会了改变，开始有了学习的意识。后来我买了笔和纸，每次她上课时，我也坐在教室后面跟着孩子们一起听讲，记得那个练字班的教室很小，有时候没有空位置，老师也跟我说：你每节课都坐在教室里，其他家长也坐进来怎么办呀？到了第二学期报名的时候，刘奕翊跟我说：妈妈，你跟我一起报名吧，要是你报了名，你就可以每次都坐到教室里，老师也会帮你点评作业呀！啊，我也报个名……我们真的找老师报名，但练字班汤老师说：我只教孩子，不教大人。后来，刘奕翊又带我去找到老板，老板说从来没有招收过大人，很勉强地收了我的学费，就这样和我的孩子做了16 节课的同班同学，我老公当时嘲笑我说，40 岁了还去学练字，你要真想把字写好，买本字帖在家有空时练，还跟着一群孩子去上课，你太幼稚了，简直是个笑话。

今天，我要谢谢我的孩子刘奕翊，是她再次把我带进了课堂，让我学会了改变和成长，让我有了学习的意识和习惯，让我知道了 40 岁学习其实也不晚，如果父母有学习的习惯，孩子就会把学习看成习惯。妈妈是孩子成长的环境，家庭氛围是孩子成长最好的基地，孩子所呈现的成绩就是树上的果实，叶子就是学校的教育，枝杆就是社会的主流，主干就是父母的教育，根来自父母的成长，他们从父母身上吸取养分。世界上没有教育不好的孩子，只有缺乏成长的父母，今天孩子最大的痛苦和灾难就是：左边是期待成长的蓬勃的生命，右边拒绝成长的父母却想陪伴他们成长。多少父母跟孩子间的冲突和纠结都来自于：我们非常期待我们的孩子成为我们想要的样子。我是多么期待自己的孩子是顺自己意的，期待自己的孩子是成功的，有成就的孩子，可是我差点搞忘了，我也是爸爸妈妈的孩子，我有让他们多满意呢？

我们父母都知道，关系是生命的总和，亲子关系如同河流，父母是源头，孩子是源尾；父母是原件，孩子是复印件；我们天天想要改变复印件，原件从来不改变，我要以谦逊的姿态潜入孩子的内心。我这个母亲天天焦虑唠叨，孩子逃避关心，我们跟孩子之间不能对抗，要对话，要沟通，我们父母要具备沟通的能力，沟通从问开始，要把“我跟你说”换成“孩子，我问问你”。所有好父母，都是与孩子以动带动和互动的高手。以后“我们都是为你好”这样的话要少说，要换成“孩子，爸爸妈妈要怎么做，你才会感觉更好”。我们要多问问孩子，多尊重孩子，每一个生命都是独立的，是需要被尊重的。我们父母不能入侵和控制孩子，我们要学会跟生命平等对话。我们应该学会跟上孩子成长的脚步。我们父母给孩子最大的财富就是自信，我们应该相信孩子，让孩子带着自信去生活。

今天，真正要学习的是我自己，谢谢孩子，谢谢他们用生命能量唤醒我。我要做好自己，少要求别人，多要求自己，育人如育己。

今天的我在陪伴孩子成长的过程中，需要学会思考：首先，怎么样帮助孩子过好这一生；其次，怎样才能在尽好责任的同时，不绑架孩子的自由；再次，怎么样在他们的成长过程中一直赢得她们的尊重。

三（4）班刘奕翊家长　王雷醒

2017 年 12 月

最好的爱是陪伴

——与孩子同读校长的信

亲爱的小诺：

不知不觉，第一个学期已临近尾声了，心里有些话想和你聊聊。每月如期而至收到你们寇校长的来信，在信中妈妈看到了很多很多优秀的家长，从而对照着妈妈平时自己的做法。孩子，从你出生到 4 岁前，爸爸妈妈的工作一直都特别忙，很少有时间能陪着你，妈妈每次想到这个就觉得有些愧疚，现在妈妈陪着你的时间多了很多，但这半年来，如果你在做题目时脑筋转得慢了一点，或是有时淘气任性了一下，妈妈也会忍不住对你大发脾气。妈妈知道，是自己管理情绪的能力不够好，同时也在反省，好担心你会受到影响，把不好的情绪带到学校里，所以，需要好好修行的人是妈妈。

孩子，你可知道现在的世界日新月异，在这个信息爆炸的时代，唯一不变的就是“一直在变”。我们的社会学习风气越来越浓了，已经进入了一个学习型社会。爸爸妈妈的确深深感到身边很多人开始利用业余时间学习新的技能，就像有篇文章中提到的“真正拉开人与人之间差距的就在于是如何利用业余时间的”。现在除了陪伴你和弟弟，妈妈会利用业余时间来健身，学英语和读书。在刚刚过去的 2017 年的下半年，健身没有坚持，主要是妈妈的时间没有管理好，导致现在体脂率下降不明显。所以，无论学什么，重点是坚持。这一点你自己应该也会有体会，比如你的跆拳道和少儿形体课程。妈妈感到很欣慰的是现在的你每晚睡前都会主动看书，每周末都会主动缠着爷爷教你书法，练习写字。我的女儿，真的是长大了！

孩子，寒假马上到来。寒假，说长不长，说短不短。长得足够可以让我们养成一个好习惯；短得也足够让自己与其他同学拉开差距。孩子，假期我们会以放松为主，但妈妈仍希望我们可以一起培养好的习惯。一、阅读的习惯：假期是大量阅读的最佳时期，我们一起记下书名作者，采摘生字新词和好句子并习惯阅读后思考，注重情感的表达。希望能帮助你养成良好的表达能力和语感能力。二、复习：复习永远是学习中最重要的事情，复习能让我们温故而知新，对巩固知识非常有帮助。三、做家务：你从小就是一个特别爱做家务的小朋友，也许你都不记得了，可是爸爸妈妈都记得清清楚楚，你从小就会自己洗袜子，收拾碗筷，帮弟弟洗澡，想到这里妈妈不由得笑了出来。孩子，在春节期间，爸妈也会带你一起去旅行，这个过程中，不仅仅是看看山水和风景，我们也会在出发前一起做做功课，列出必备清单，查询好路线规划。这个假期，即使出去玩，也会有所收获。

孩子，回到这封信的开头，就像校长在信中讲到的那样，任何好习惯的养成都需要坚持，在这个过程中，我们互相鼓励，互相监督，互相打气。愿你生活中阳光善良，学习上勤奋坚韧！爸爸妈妈永远爱你！老师也会帮助你的！

一（1）班　吴佳诺家长

2018 年 1 月 24 日

学会养育

放手，也是一种爱

尊敬的寇校长：

您好！您的来信犹如灯塔，照亮我们前行的路。

前几天我去看望表妹和她的宝宝，表妹得意地告诉我孩子学会灵活地翻身了。正说着，小家伙就麻利地翻身趴在了床上。还没等我们赞扬他，小家伙就涨红了脸“哇”地哭了起来。他在用尽全力痛哭，满脸都是眼泪和鼻涕。原来小家伙一翻身就压住了右手，可一时又无法挣脱出来。表妹静静地陪着他，用爱抚的轻拍来表示安慰。小家伙似乎渐渐感受到了妈妈的理解和支持，他开始停止哭泣并试着抬起身体抽出小手。这个五个月大的宝宝刚刚经历了无法控制的失望和伤心，并在妈妈的鼓励中安静下来。一瞬间，我明白了这些成长的痛楚对孩子来说很真实，而这些就是成长必须要经历的。

从我们的孩子翻身失败到健步如飞，从弄丢一颗棒棒糖到管理自己的时间，从咿呀学语到书声琅琅……孩子在我们无微不至的呵护中长大，终究有一天，他们想表达自己的看法，他们自己的事情自己做，他们还想独立地安排学习和生活，而我们在不知不觉中帮他们做了太多“选择”，成为了“唠叨妈妈”和“担心爸爸”，却不懂剥夺了孩子成长的乐趣。也许孩子会犯错，也许会辛苦，但这些经历带给了他们自信、勇敢和快乐，旁人无法替代，也不需要替代。父母唯一能做的就是：在她面对失败时，不带评判地陪伴她；在她收获成就时，衷心祝福并分享她的喜悦。对于长大的孩子而言，放手是信任，是比唠叨、包办更深的爱。我们和孩子在生命的历程中会不断学习，相互陪伴着成长。

祝

工作顺利，身体健康！

四（3）班江美亚家长　魏超
2017 年 4 月 25 日

放手与幸福

寇校长：

您好！

关于“幸福”，每个人的理解与感受都不一样。对家长来说，幸福可能是孩子乖巧听话，成绩好；可对于孩子们来说，幸福绝对是：学习轻松，作业不多，家长百依百顺。这两者之间有共同点吗？

最近，我很爱看黄老师与何老师的《向往的生活》，于是想象着自己也能邀上三五好友，回归自然。日出而作，日落而息。用智慧和劳动解决原始的温饱；用最纯洁美好的眼神对流星许愿！远离高科技产品，任何事都自给自足，这也是我“向往的生活”。

可回到现实，多少父母整天与手机、平板电脑为伍，把孩子扔给爷爷奶奶、外公外婆带。曾经听到一位奶奶批评孩子的妈妈：“你在限制孩子玩手机的时候能不能也管管自己，多抽点时间陪孩子做做游戏，讲讲故事，看看书。”我听了也很惭愧，孩子是需要陪伴的，和他们一起分享一本好书，一道难题，一首动听的歌，孩子的学习兴趣就会增加一分吧！

大家常说：“书中自有颜如玉，书中自有黄金屋。”但是那些对念书实在没兴趣的小家伙，难道他们真的就没有出路了吗？我的孩子刚好对所学知识没兴趣，对昆虫、外太空、细胞、人体构造……这些却是他总去探究的内容。有时看着他读这些没有“营养”的书真是认为浪费时间，可又不忍心让他放下。其实我非常敬佩“别人怀宝剑，我有笔如刀”“腹有诗书气自华”的人。

有时候我会想：如果不逼着孩子学习，而是让他选择一项自己感兴趣的事，好好培养。今后以兴趣为职业，既可以养活自己，又不乏味，那多好！但哪种兴趣爱好不以知识为根基呢？还是好好培养孩子的学习兴趣吧！

我所理解的“放手”有了两种含义：第一，放开填鸭式教育孩子的手，让他们的童年多一些美好的回忆！第二，放开拿着电子产品的手，和自己多接触，告诉他们，没有手机、平板电脑的童年会更加健康快乐！

三（2）班　祁智宸家长

2017年4月25日

给孩子一个快乐的成长空间

尊敬的寇校长和各位老师：

你们好！

这次学校给家长的来信，我读后内心的感触还是比较震撼的。我们家廖梓漩读二年级了，在学校的教育中现在变得越来越懂事，对待事物有了自己的理解、看法和观点，对于学习的压力和同学的变化发展也开始有了比较。时常在我们耳边说这个同学培优了英语，那个同学培优了数学，某某同学又上了舞蹈班、美术班、音乐班……可是随着培优的增多，她的童年远没有我们那时的童年快乐了，属于她自己的时间也越来越少了，甚至有些培优活动并没有给她带来什么成长性的效果。于是渐渐地她也开始如校长您信中所言"不愿投胎做人而愿做一只小鸟了"，而我们还徘徊在如何让孩子全副武装，以分数高低论成效的困惑之中。此次校长给家长的来信可以说是将我们做父母的带出了盲目教育孩子的迷局。孩子就应该有自己的方向和动力，针对我们家廖梓漩的特点，读信后我们也接受了信中的指导，适当地改变了一些教育观点，有针对地培养孩子的爱好和兴趣，不断提高孩子的素质。

社会的发展需要高素质的人才，培养孩子不能光抓学习，要注意孩子的全面发展。我们在校长和老师的指导下提供各种条件培养孩子的兴趣和爱好，通过这些兴趣爱好，培养孩子自有的能动力来学习，提高孩子的素质。再在孩子的兴趣爱好中循序渐进地引导其发展成长的方向。让孩子在学校的各项活动中发挥出积极的作用，慢慢取得可喜的成绩，逐渐受到老师和同学们的好评。

我感觉校长和老师现在的指导是及时的，今后的孩子光学习好肯定是不行的。让孩子广泛接触自然和社会，使他逐渐认识生活，较多地了解缤纷的大千世界，增强孩子的认识和理解能力，以适应不同的环境，提高了她的整体素质和综合能力。是的，方法比学习更重要。要提高孩子的学习质量和学习成绩，不仅要激发和培养孩子的学习动机、学习兴趣和求知欲，使孩子想学，更重要的是使孩子会学。我们就是尝试学校

的建议指导，首先指导孩子如何安排好学习时间。起初，我们试着帮她制定每天的作息表，并要求她尽量按作息表执行。开始，她常在规定的时间里起不了床，我就要求她穿衣要快洗漱要快，一段时间后，效果并不好。后来在老师的指导下我们给她讲，军人是如何在两分钟内集合的，结果，这个话题引起了她的兴趣，每次起床时总是要我们帮她计时间，看她是否达到军人的标准，取得了非常好的效果。后来，我们用这种办法帮她克服了学习时边学边玩的坏习惯。在孩子学习时，给她计时间，然后告诉她在单位时间内她所完成的学习量，以此来加强她的时间观念。让她懂得“一寸光阴一寸金”的道理。

预习、听课、复习、做作业，是小学生常规的学习方法，再加上上次校长信中推荐的“三宝”学习方法，孩子的成长还是比较快的。我们按学校要求，让孩子在课前务必做到预习，预习时要求她提出问题，上课时带着问题注意听老师讲课，找出自己理解的与老师讲的差距。回家后也按老师指导的那样，要她把每天主课上老师讲的内容都能向我们汇报，从而我也掌握了她的听课情况，所学的课程让她最好都能在课堂上理解消化。按照校长信中所说，如果做好预习，听课效果自然会好，复习时就能掌握知识的内在联系，从而能够灵活运用所学知识，独立完成学习任务。

我们孩子现在已经养成了预习、听课、复习的学习习惯，能够自觉勤奋地学习。入学两年来，孩子的学习成绩始终名列前茅，业余兴趣学习的成绩我们也是比较满意的。我们希望学校多给我们家长写些信，及时让我们家长掌握正确教育孩子的方法，培养孩子良好的兴趣，让孩子有自己的成长方向和学习的动力。

二（2）班　廖梓漩家长
2017 年 4 月 26 日

盲目培优不是素质教育

寇校长：

您好！

读完您给家长的第48封来信，从字里行间体会到您对学生学习负担过重的担忧，对家长于基础教育错误认识的拨乱指正。从字里行间流露出对孩子的关爱，对错误教育方式带来危害的心痛，对违背教育观、盲目培优补课"拔苗助长"式行为的批评、鞭挞。看完这封信，真的有一种透彻的认识，即基础教育阶段教育的重点在哪里？次重点在哪里？非重点又是在哪里？和您不谋而合的是，在我心目中的基础教育，应该是一个以培养孩子学习能力及独立思考能力为主，培养主动学习、学科兴趣为辅，使我们的孩子成为能合作学习、独立思考、主动研究、适应变化能力强、身心健康、乐观自信的小主人翁。

从您的信中，认识到知识是可以用时间换取的，但是错过培养孩子能力、习惯、志趣的黄金时期，而只是一味地追求对知识的积累，那么，这样的孩子的确可以暂时领先一时，可以在基础教育阶段"傲视群雄"，可真到了初、高中义务教育阶段，学习，必然因为变化和应对变化能力的不足而无法走上正轨。等到积累的知识被超过，又没有好的积累知识的途径，孩子的成绩必然被超过，最终打击的还是孩子的自信。现实中见过太多这种"伤仲永式"的教育案例。

想要获取任何信息只需百度一下。当今社会，社会也好，个人也罢，其核心的竞争力在于创新能力，而这项能力的形成和发展最关键的时期恰是在于基础教育阶段。因此又不得不由衷地赞叹寇校长真知灼见、忧国忧民的独到眼光，仅凭这一点就可以知道我们的孩子在接受教育时拥有多么好的一位舵手。

古语云：不谋万事者，不足以谋一时。不谋一时者，不足以谋一城。寇校长希望我们家长更聪明，即是希望我们从孩子们发展的规划以及全局为出发点，培养孩子的能力，从分数的背后出发，让孩子们轻松取得高分。

三（4）班陈可凝家长　曾晋慧

2017 年 4 月

学会放手

寇校长：

您好！

我们看《动物世界》，老虎幼崽在生下来后，会跟随老虎妈妈一段时间，学习辨别安全和危险的环境，学习捕食技能。这里存在“教育”，信息传递是通过类似师傅带徒弟的方式进行，而不是语言文字。对于动物来说，教育或者说学习的功能就是提高生存概率，但是学会本事之后，老虎妈妈会放开手，将幼崽赶出家门，让其独立生存。

比如说，在孩子刚刚开始学习写字的时候，他的潜意识就是模仿，按照老师教的一笔一画地临摹，到后来写出自己的风格和自认为比较满意的字体。最开始学习的时候难免有些浮躁，为什么总是写不好？那么我们作为家长，首先要有耐心来引导他，给他发出你能行、你可以的信号，多鼓励，让他产生不畏困难的态度，觉得自己一定能行，等到他有自信能做好这件事情的时候，就要让他独立思考，以后在学习生活中遇到了困难会自己来反思，正确对待，来解决问题。

语言文字对于社会到个人都是非常有影响有感染力的，从学校教的知识到课外的阅读经典，里面的文字内容都能够影响一个人的思想、性格。在社会的大染缸里能够被正确地引导，树立正确的人生观，价值观。学校的各类学科都有它们存在的意义，让孩子学习的知识更丰富，自主的认知更个性，视野更开阔。

这是个延续一生的教育和学习过程，指向性是十分明确的，那就是生存第一，生存之后想要更好地生活必须学习生存本领。另外，习得音乐绘画等艺术鉴赏能力，可以提高生存质量，可以活得更好。

我认为教育就是家长要有正确的爱。学会赏识，理解，尊重，放手，反思，引导。教会孩子学会尊重生命是第一重要的，再就是教育孩子学会做人，学会生存本领。作为家长，我们除了陪伴、教育，更重要的是学会放手。

现在社会上很流行的一种教育就是挫折教育，我想，现在的孩子们

大部分生活优越，从小在蜜罐里泡大，发生不称心如意的事情就会想不开，往死胡同里钻。这就要引起我们做家长的重视了，外面的世界很大，社会竞争压力也大，不能为了一点点小挫折就想不开，这些都需要我们平时的正确引导，只有我们放开手，多注意关注孩子的表现和心情，多了解他的内心想法，让他们找到自己的方法，把不愉快的事情找个宣泄点发泄出来，尊重自己的生命，不要被挫折打败，做一个正能量的人，才能让孩子自己长大。

现在孩子的确很不容易。中国人多，国情决定了什么都要考。我们不但要正确引导和陪伴孩子共同成长，更要放开手，让孩子在社会的风雨中独立展翅，经历风雨，才能高飞！

四（3）班　陈俊希家长

2017年4月26日

一个人最好的名片——教养

尊敬的寇校长：

您好！正值圣诞来临之际，收到了您的来信，细细品读，觉得对信中关于孩子的教养问题有一些感触，因此在此写写自己的感想。

今天圣诞前夕，许多机构组织了一些儿童游乐活动。今天我就带着孩子参加了一场由商场为小朋友们准备的活动，叫作"团结互助，共同前进"。游戏的内容是：在50米跑道的一头，将参加的孩子分成几个小组，每个小组由两个年龄相仿相互陌生的孩子摆成面对面、手拉手的姿势，然后将一个足球放在他们拉起的手中间，两个孩子需要团结一致将足球运送到跑道另一侧并将其倒入一个空竹篮中。中途拉起的小手不能松开，足球不能从两个孩子拉起的手中落地，投放到篮子的时候，竹篮不能翻倒。在没有犯规的前提下，先投放成功的一队取胜。孩子们在愉快的游戏中拼搏着，旁边的家长们也开心地笑着……可轮到第三组比赛时，发生了一件事情：眼看着其中一组就要投放成功时，突然不知从哪儿冲出一个小男孩，迅速地将马上要获胜团队的竹篮推倒了……这样做的目的就是让哥哥所在的小组"落后方"取胜……这或许只是孩子之间的打闹，但是，背后折射的却是孩子的暴戾之气，说得严重一点，这也折射出了一个家庭的教养问题。

所谓教养，其实就在与人相处的一些小细节中。它与阶层无关，不受文化水平和物质水平的影响。教养是一种品质，它能弥补一个人能力上的不足，甚至让你看起来与众不同。所以，教养，堪称是一个人最好的名片。

我始终认为，一个有良好教养的孩子，他的未来一定是光明的，即便孩子不能出人头地，绝对也不会过得很差。所以，孩子的教养非常重要。老话说得好："子不教，父之过"，父母的言传身教，家庭的教育指导非常重要。苦苦思索，我觉得让孩子做有教养的人还得从以下几个方面重点指导：

1. 树立正确的是非观：有些家长，会在别人指责自己孩子做错事

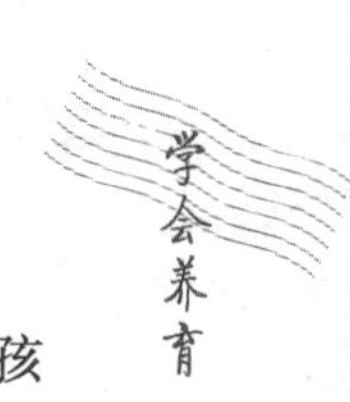

的时候帮孩子开脱，说“他还是个孩子”之类的话。事实上，正因为孩子小，才需要教育，而不是以孩子小为理由，就任由他犯错。作为家长，要帮孩子从小就树立起正确的是非观。

2. 遵守日常行为规范：不能在公共场合大声喧哗，嬉戏打闹。当孩子在公共场合过于喧闹，或者在楼道里乱蹦乱跳的时候，我们要及时制止，要告诉孩子影响他人是不礼貌的行为，遵守日常的行为规范是我们应该做的。

3. 养成良好的阅读习惯：书本不仅可以增加知识，开阔视野，还能帮助孩子学习到新的知识，有些书甚至可以教孩子养成良好的生活习惯。比如《我有一个好习惯》这本书。总之，多读书，读好书也是可以帮助我们提高教养的。

4. 父母本身也要有教养：言传身教，重要的是身教这部分。这也表示，即使是嘴上说得再好，也不如身体力行地教育影响力大。所以想要成为受欢迎的人，父母本身就要有教养，否则要怎么说服自己的孩子呢？

我始终认为，身教重于言传，教师要为人师表，以身示范，父母亦是如此。学习科学文化知识固然重要，但是教会孩子如何做人更重要，孩子的教养虽然只是做人的一个方面，但它是孩子将来在社会立足之时，最亮丽的一张名片，我们家长也得重视起来。

作为家长，我们要让孩子们从小体会到尊重，而不是纵容，才能让他理解为什么要尊重环境、尊重别人，这样我们这个社会才会更有希望，我们的教育才会更有希望。

以上几点不成熟的想法，请老师们多指导。

最后祝老师：

身体健康！工作顺利！

二（2）班朱宸萱家长　李进红

2017年12月23日

真正的教育应该是一场修行

尊敬的寇校长：

您好！

又是一年金秋时，祝您国庆中秋快乐！阖家安康！拜读了您的第50封信，您有一句话让我感触颇深：“今天我不想谈学生，而是想和大家一起探讨我们的成人做得怎样？”

这几年，我们开始更多地谈论教养。因为我们发现经济上去了，腰包鼓了，但是教养没上去，所以才有中国游客在国外的各种丑闻。而国内的话，我不想说大家也明白是什么样的情况。

俞敏洪说：“教养是什么？教养就是当你走到一群人中间，你的行为恰当得体，让人感到礼貌和愉悦。”

我自己之前对教养也没有很大的在意，我自己的原则是尽量不打扰他人，不给他人找麻烦。而有了孩子之后，我开始更加注意这个问题，特别是孩子们的教养问题。因为我不想让孩子成为一个让人讨厌的人，希望他成为一个有教养的人。为什么有了孩子才会去注重？因为孩子就像一面镜子，找出了父母的诸多不足。其实孩子很多时候不明白礼仪要求，父母需要的是管好自己的时候，也会教孩子。就比如前几天带孩子出去吃饭，和几个玩伴在一起，我马上把他牵回来，跟他说，这是大家吃饭的地方，不能大叫。但是过了一会几个人就爬到隔壁桌边上的沙发座位的靠背上去了，这个时候我就去把他们叫回来，告诉他们不要打搅其他客人用餐，应该坐在自己的凳子上，否则我会动用终极处罚手段了(一个人去门口站着反思，需要的话我可以陪你，因为我没有教育好你)。对一个小孩来说，很难控制情绪和行为，但是父母一样要管教好他们，不是说在公共场合打骂孩子一顿。那样只会显得父母更不懂得教育，更没有教养。父母应该给孩子树立一个榜样，然后温和地告诉他该怎么做。当然有妈妈会说孩子太淘气，不听管教，那就要反省自己的教育在哪里出了问题。在孩子成长的过程中，父母必须告诉孩子规矩和自律。要知道：孩子再小，也会长大。

当孩子犯了错误或者惹了麻烦，我见过最多的借口就是“孩子还小，没事!”所以就有两三岁的孩子在我家仓库边上的墙上尿尿，我不能责备啊！因为孩子妈说孩子还小，不懂事啊！所以就有新闻上说的，孩子用石头划停在路边的车，孩子妈熟视无睹，以至于气不过的车主直接把孩子踢飞，最后引起官司的事。犯错孩子那方坚持的理由是：孩子还小，凭什么动手。这个理由真的是自带光环，无懈可击。适合的做法是不是应该把那个熟视无睹的妈妈踢飞呢？当孩子惹祸的时候，马上就用孩子还小来回应。这是对小孩的成长不负责任的行为。要知道，你不教育孩子，总有人会狠狠教训他的。

看到过一个母亲在网上发帖说：在餐厅吃饭，因为儿子稍微淘气了一点就被打了一个耳光！气得她现在还在发抖。原来，这位母亲带儿子去附近的餐厅吃饭，她儿子喜欢到邻桌到处跑跑看看，几次去骚扰吃螃蟹的邻桌，最后因为跑到隔壁桌上去抓螃蟹，被别人把手甩开后，动手打了这桌的人，接着被回打了……这个母亲愤愤不平的事，大概就是认为我孩子小，调皮点很正常，你怎么能和他一般见识？可是试问，孩子还小，做妈的也小吗？为什么不及时管束好自己的孩子呢？我记得我的儿子两岁多的时候，有一次在高铁上，他因为太兴奋了，要跟我玩游戏，每次玩赢了就哈哈大笑。前排的一个小哥因为要睡觉，无法忍受，于是对我说：“管好你的孩子！这不是你家里。”当时我跟孩子爸面面相觑，赶紧道歉，并拿出绘本，帮孩子换一个安静模式，给他讲故事。此后带孩子出门我就更加注意了，千万不能让自己的孩子去打搅别人，而最需要注意的是我，千万不要因为孩子小就放纵。因为孩子再小，总是要长大的。如果父母现在不好好地教育孩子一些为人的礼貌和规矩，以为孩子小就放纵不管，犯了错还期待大家的原谅。那么，当有一天他走出学校，走上社会，再做出一些“熊”行为的时候，没有人会对他再宽容了，那时候孩子就受不了。因为没有人再那样顺着他。你的孩子，你不去教育，总有人会代替你教育他。但愿你到时候不会后悔。

而且这样的“熊孩子”长大了，能够成为合格的父母吗？能担当起教育下一代的责任吗？先管好自己，再说管好孩子。要教育好孩子，父母自己就要先管好自己。要知道这个世界不是你一个人的，不要以为全世界都会像你一样围着你的孩子转。要知道，孩子小，也是一个有尊严的独立个体。他们需要得到尊重，需要得到好的教养。很多时候，就是因为“熊家长”，才让孩子变成了“熊孩子”，这也是孩子的一种悲剧，因为小时候孩子的性格、行为习惯无不是家长一步步影响着搭建的。“熊孩子”的问题，责任难道不在家长自己吗？我一直希望孩子明白：这个世界不是由你说了算，也不会因为你的任性而自动让道，成长是一件需要认真对待的事，你必须对自己负责，也要尊重身边的每一个人。一定要记住，爸爸妈妈永远爱你，但是外边的世界很残酷，你必须成为一个有教养的人，让别人感觉舒服和愉悦。而不是成为一个让人讨厌的人。

所以，真正的教育应该是一场修行，好的教育，应该是父母通过孩子这面镜子，不断发现自我、修正自我、挖掘自我，并用新的自己来为孩子做示范和表率。愿我们在教育的过程中，都会遇到更好的自己。

此致

敬礼！

五（2）班李施贝仑家长　施晶

2017 年 10 月 1 日

掌握儿童的心理

别让孩子成为家庭的“替罪羔羊”

寇校长：

您好！

当一个家庭生病了，一定会有一个或多个成员把家庭的病症呈现出来。而这个人往往是家庭中能量较弱的，敏感度较高的，年龄较小无力自我保护的那一个——我们的孩子。

脆弱的孩子越是想扮演好角色帮助父母，家庭的不良状况越会持久不变。当孩子因承受不了压力而把自己变成“问题儿童”，则可能唤醒父母反观家庭的文化背景及个人成熟度。

家庭需要一对关系良好的父母，只有父母之间的婚姻关系运作正常，他们才能安心抚养孩子，孩子才有机会健康成长。如果夫妻之间关系不佳，家庭中的成员就会做出不良的反应，利用自我防卫来保护自己。这些即时、自动的防卫方式，既伤害自己，也伤害他人。

记得有一次，我和孩子爸爸发生了激烈的冲突，把孩子吓着了。情绪稍微稳定以后，我和孩子爸爸都意识到刚才自己做了一件非常可怕的事情。我们来到孩子的房间，单腿跪在地上，用完全平视的角度跟孩子说：“爸爸妈妈刚才做了一件非常错误的事，我们在你面前那样争吵，而且用了很不雅的语言，我们想跟你说，大人有的时候也会做出一些很愚蠢的事情，比如刚才我们做的事情就很愚蠢，我们真诚地向你道歉。请你原谅我们。爸爸妈妈彼此还是相爱的，我们不想让你受到任何的惊吓和伤害。”当时孩子接受了我们俩的道歉，但由此我也想提醒为人父母者，要尽量在孩子面前控制自己的情绪。

心理疾病（长期积累导致生理疾病）、行为偏差（多动、暴躁、饮食失调、网恋、早恋、辍学、逆反、自卑、自大、忧郁、精神分裂等），永远不是单独的、个人的现象。是因为家庭本身生病了，有行为问题的某一成员只是病态家庭的“发言人”“代理人”而已。个人问题意味着家庭的病态，家庭系统的病态则反映出整个社会体系的病态。

如果母亲忙于事业，整天在外奔波，没有在母亲的位置上；或者母亲停留在少女时期，缺乏独立的作为父母的意识，而是带着孩子寄养在自己的原生家庭，那么由于母亲没有扮演她的角色，家庭在亲密关系上就会出现空缺（真空）状态。然而，家庭需要完整的婚姻，必须有人扮演跟父亲平等的角色来维持婚姻关系，于是，女儿可能会成为妈妈的“代理人”。当爸爸忙于工作时，也许孩子会担负起照顾家庭的责任。这样的孩子会变成“超级负责人”或“代理父亲”。

这样的孩子，便是家庭中的“替罪羔羊”。“替罪羔羊”通常是家庭问题的承担者、“代理人”，而家庭也往往因为这个孩子的问题寻求治疗，面对真正的问题。可以说，孩子为家庭提供着正面牺牲、贡献和服务。孩子这么做是出于家庭动力而非个人选择。家庭系统中的个人有填满出于“真空”状态关系的倾向，孩子往往是自动满足系统需求及隐含空缺的人选。家庭中的每个人都受到父母关系的影响。当家庭关系面临危机时，个人扮演多种角色以适应压力，而失去真正的自我。而脆弱的孩子越是想扮演好角色帮助父母，家庭的不良状况越会持久不变。当孩子因承受了压力而把自己变成“问题儿童”，则可能唤醒父母。反观家庭的文化背景及个人成熟度。由于我国独特的国情，过去有几个孩子共同承担的期待和压力现在由独生子女一人承担，孩子更容易出现行为偏差及各种身心问题。如果父母的婚姻关系良好，则对独生子是好的；倘若家庭处在不良婚姻中，独生子会承担所有潜藏的问题。

在健康的家庭中，每个人扮演健康的角色。父母的角色主要提供示范：如何扮演男人或女人的角色；如何扮演丈夫或太太的角色；如何扮演父亲或母亲的角色；如何培养亲密关系；如何做个正常、健康、有价值的人；如何与他人保持适当接触而不做逾越角色的事情……

孩子是最佳的学习者，他们时刻以敏感于成年人三百倍的身心观察、模仿父母的言行举止。孩子是最糟糕的诠释者和表达者，他（她）没有构建起完整的、逻辑的、合理的意义的能力，也没有对应的丰富词汇来表达出他（她）思考、怀疑和好奇的一切。作为学习者，孩子特别需要父母的指引。

找出自己家中特有的问题，是每个人的重要功课。一旦我们根据因果规律知道了事情的来龙去脉，便能做出些补救措施。家中的焦虑便不会只有一个人吸收和承担，造成“问题儿童”“精疲力竭的妻子（丈夫）”或身心病症。

四（2）班李施贝仑家长　施晶

2017 年 3 月 1 日

成长的烦恼

寇校长：

您好！

冬去春来，转眼又是新的一年，好的开始预示着好的结果。小学是孩子们整个学习生涯的根基，在与孩子共同学习成长的这几年里，他每一天的成长都让我惊喜。

就在前些日子，孩子犯了个错，不小心把我的一个香水瓶打破了，愣了半天的他选择把自己抽屉里存了很久的零花钱拿到我的面前，哭着对我说："妈妈，对不起，我错了！这钱赔给你……"看着孩子哭得像个小花猫似的脸，我知道他是真的很心疼自己好不容易攒的这些钱，于是对他说："不用，你自己知道错就好了。"让我大吃一惊的是孩子摇了摇头对我说："不，自己犯的错就要自己承担！"看着流着泪还说得像个小大人似的孩子，我真的忍俊不禁，可再看看他，猛然发现孩子突然长大了好多，曾经孩子在犯错后都是哭哭啼啼地求原谅，而我总是告诉孩子——哭并不能解决问题，要想办法弥补和避免相同错误再发生，很高兴孩子这次记住了。在今后的日子里，我更希望孩子学会"男儿有泪不轻弹"，更要学会勇敢、坚强、独立和自信。

其实作为家长，很多时候更应该正其身，表其率。孩子最近的一篇考试作文，题目是"×××影响了你"。我问他你写的谁啊？孩子说我写的母亲影响了我。乍然一听，我心里陡然跳了几跳，我居然害怕了，害怕他会写到我的坏毛病影响到了他，再仔细问下去，才松了口气，原来我对孩子最大的影响是言必行，行必果，从来不轻易答应，可如果答应了就一定会完成，他说他也一定要成为这样的人，一个讲信用的人。其实我自己很难去观察自己的优点或缺点，在生活中也很少有人提及，可我没想到就在我身边，有一双明亮的眼睛，时刻在关注着我，效仿着我。孩子是一面镜子，我在镜子外，他在镜子里，我影响着他，而他照亮了我……

和孩子共同生活的日子留下了太多欢笑与泪水，很高兴有这么一个小家伙陪伴左右，他会长大，而我将老去，但这一路的过程一定会绚烂无比！

六（4）班　邹嘉祺家长

2017 年 3 月

抽出时间好好地陪伴孩子

寇校长：

您好！

今天收到《给家长的第52封信》后，收获颇多。培养孩子学习能力，独立思考习惯，做有教养的人，将来能为社会和人民做应有贡献，这也一直都是我对孩子的期望，更是作为家长努力的方向。作为父母，我们需要拥有积极、平和的心态，保持正能量，关注当下，排除各种诱惑，减少聚餐、聚会等社交活动。孩子写作业时，我们在旁边做家务，孩子写完作业，我们能陪孩子一起下棋、散步、运动，让孩子感到安全感和来自家庭的爱。在她们最需要我们的年龄，尽量抽出时间好好地陪伴。

一、努力营造轻松的“学习型”家庭氛围

我们是二胎家庭，把孩子教育好是当前最重要的事，家里每个人都有自己的小书柜，有专门的阅读时间，并定期带孩子去书店买喜欢的读物，过生日，孩子表现好时，就把多买一本书作为对孩子的奖励，尽力去影响和培育孩子良好的阅读习惯。

无论身边的家长和孩子们如何为升学、将来担忧、焦虑，如何参加这样那样的各种培优，作为妈妈，首先自己在内心放松，尽量在孩子面前表现轻松，因为现在只有每天做好该做的事，一步一个脚印，根据孩子的实际成绩，在孩子要求下选择性地培优，孩子只有在没有思想包袱的状态下轻松上阵，才能进步更快。

二、学会放手，培养孩子独立成长

学习成绩是孩子成长的一个方面，动手能力也很关键，要舍得用孩子。我们培养孩子，最终目的是“分离”，慢慢放手培养孩子独立成长，帮助他能坚强地面对未来的风雨。时常、定期地改变家务目标，使唤孩子，如洗碗、抹桌子、扫地，有时把糖、盐、豆子等倒到罐子里。比如，我们家洗碗是雯雯的，抹桌、扫地是弟弟完成，已形成规律。生活中，只要是孩子能帮上忙的，我就留给他们来完成，激发孩子内心的责任感，并及时鼓励，增强孩子的自信心。

由于家里人手紧，雯雯基本从小学二年级放学就自己走一站到我单位，我们提前告诉她要注意的安全，如放学路上尽量跟着接孩子放学的家长一起过马路，如何防范坏人，万一有事怎么办？没人接送，就教孩子早点成长，有时间也尽量抽时间去接。正因为我想对孩子负责任，也容易让孩子感到委屈，认为我不是亲妈妈，有时跟我对着干，我想，随着孩子渐渐长大，将来能独立适应新学校的生活环境，能轻松适应社会，会慢慢理解父母！

三、家长需不断地加强学习，提升自己

除此之外，家长也要不断加强学习，多看书，掌握沟通交流的艺术，更新自己，提升自己，父母心胸开阔，视野宽广，更能够改变家庭的命运。先内观自己，改变自己说话的语气和方式，看孩子的优点，放手让孩子锻炼，同时平衡好工作与家庭，尽量不要把工作的情绪带到家里。我想，作为父母，道理我们都懂，但真要做到是很难的，我是每天睡前平静地反思自己的做法，以促使第二天能有更好的状态面对。

作为父母，要想办法帮助孩子填补头脑的空白，比如跟她一起制订学习目标，制订“梦想版”，相信孩子只要有梦想，学习的主动性会更强。

四、适当的家庭出游，帮助孩子开阔视野

在家庭条件能承受的情况下，每年适当地安排旅行，拓宽孩子的眼界，不让她做井底之蛙，在家庭出游的过程中，抓住每一个机会让孩子学习，一起参与计划行程，感受当地民情，体会生活的艰辛，培养爱心，多鼓励表扬，让她更有信心，更明确自己的方向和将来要成为一个怎样的人，自然会学习独立思考，别人为什么要这么生活，我应该怎样去生活。

这是本人一点点养育孩子的心得，希望能与更多的老师和家长一起探讨、交流，在教育好孩子的路上走得更稳更远，也希望老师和家长朋友们批评与指正，感谢！

此致

敬礼！

五（3）班　杨雅雯家长

2017年3月

只有沟通才能知道孩子的内心和需求

寇校长：

您好！

这一次学生离家出走，每一位家长听了都很难受。在孩子遇到成长的烦恼时，沟通是极其重要的。当孩子们面对压力时，成人与孩子双方一定要以沟通解决问题，而且成人要主动，要想方设法地知道孩子内心到底在想什么、想干什么，否则即使是乖娃娃，不沟通也会出现问题。

只有沟通才能知道孩子的内心和需求。我们大多数家长基本上一看到孩子的某些不对就会急于提醒，没有奏效就会批评，甚至动粗。但往往效果不好，那是因为差一个环节：沟通了解。

有一次，看到小胡的毛笔字作业，无名之火就上来了，免不了一阵数落。小胡挺委屈的样子，告诉我说他很努力了。我还不相信，最后小胡把他写的其他几张纸给我看了，我才相信的确这是最好的一张作业。

记得原来和他讲过爱因斯坦的三个小木凳的故事。当爱因斯坦交给老师的是一个制作得很粗糙的小板凳时，老师和同学都很吃惊，有的还表示出不屑："世界上不会再有比这更差的凳子了。"当爱因斯坦从书桌下拿出两个更为粗糙的小板凳时，大家明白了，其实爱因斯坦已经比同学们更努力。

有的时候亲爹和后爹之间只相差沟通两字的距离。

老师、父母有着自己的压力，其实孩子们有孩子的压力。大家都会有不同的压力，需要我们相互之间的沟通与理解。只是面对压力，成人毕竟已经经历了太多太多，因而大多数时候已经是"处乱不惊"，对于很多压力已是不以为然；而孩子们由于年少无知、阅历不够，尤其是心理的成熟度不高，面对压力常常是手足无措。

宽容是理解的内涵。理解是个"智商活"，宽容是个"情商活"，而沟通是个"技术活"。现在的人都不傻，智商都不低，另一个角度讲，大家发现问题都比较容易，但是处理解决的方式就会不同了。

记得有一篇文章是讲关于培养孩子的兴趣的目的。文中说到是为了孩子在未来遇到困难和孤独时，能够自我修复和慰藉。我们不能保证孩子未来会遇到什么困难，但可以让孩子具备抵抗挫折的盾牌。只有这样他们的成长才能真正达到健康的水准。

五（4）班　胡致瑞家长

2016 年 11 月 13 日

让孩子始终保持一颗想学习的心

尊敬的寇校长：

您好！

感谢您在开学伊始就为我们家长带来了关注小朋友心理特征的方式方法，让我们教育和引导孩子们时能有章可循、有据可依。

经过上学期的学习，我们发现，对于一年级的孩子，从生活中、玩耍中学到的知识，要比书本上学到的知识更重要。通过自身体验获得知识能使头脑更加活跃，学习的知识更加牢靠更加实用。孩子们一定要保持愉悦的学习情趣，不论成绩如何，孩子们都要保持愉快乐观的学习情趣，不要把学习知识当作负担，让她们始终保持一颗想学习的心。

著名教育学家陶行知曾说过：“儿童都有希望获得被认可的天性。”面对学习的点滴进步，我们家长都要以欣赏的态度来对待，毫不吝啬地表扬她们。及时的鼓励对小朋友们的心理是非常有效的，可以激励她们找出自己的优点和不足，从而养成良好的学习、生活习惯，增强自信，达到自强，从被动学习转化为主动学习。

爸爸妈妈们，要通过了解孩子们的心理状态，帮助孩子们快速进入学习状态，提高她们的学习成绩。做父母的我们应当及时发现孩子微小的进步，鼓励孩子们的一点点成功，这样孩子们才愿意朝着我们期待的方向发展。从学习一般到尖子生，无不是因为爸妈有一颗爱孩子的心，才能让孩子们积极向上、乐观好学。

希望我们共同进步，共同保有积极进取的心。

二（4）班曾顺馨、曾茹奕家长 曾毅

2017 年 2 月 28 日

提高社交能力　放飞精彩自我

尊敬的寇校长：

您好！不知不觉中收到了您的第52封来信，每次读完您的来信，我都会结合自己孩子的发展情况思考很久。

我的孩子已经上二年级了，可在与同学、老师的交往中遇到问题仍不知道怎样去主动解决，所以常常自己受伤害。有一次接他放学时发现他的手受伤了，我问他怎么回事，他说下课时他不想出去玩，却被别的同学硬拉着出去，结果那位用力过猛，抓伤了他的手，事后也不敢告诉老师处理一下伤口。还有一次，放学回家我检查他在学校完成的作业，翻开本子一看，字迹全部模糊不清，成了双影，一看就是用很秃的铅笔写的。我问他笔盒里有五支铅笔还不够用吗？他说被同桌和后位的同学借走了，他只剩下一只了，正好那天没带卷笔刀。我告诉他可以拒绝，可他却说不好意思拒绝。类似于这种日常小事还有很多，作为父母听了内心也很着急，但孩子还小，也不能天天责骂。解决问题就要找根源，我仔细思考，根源就是孩子在与人交往中遇到问题不知道如何处理。“授人以鱼不如授人以渔”，要让孩子学会自我保护，就要用科学有效的方法提高他解决问题的能力。

经过多方面查找资料，我发现了目前美国很畅销的一本书，此书主要教8至12岁的孩子学会解决冲突和与人相处的技巧。书中介绍了一种“我能解决问题”的方法，此方法可简单地描述如下：(1) 理解别人的感受和看法。能使孩子们认识到，对同一件事，每个人的想法和感受可能会不一样。(2) 理解别人的行为动机。让孩子明白，人们可能会出于某些原因在特定的时间做出某些行为，还有一些潜藏的原因造成了人们的某些一贯行为。(3) 寻找解决问题的多种办法，能鼓励孩子们思考各种选择。(4) 考虑后果。能鼓励孩子们在行动之前先考虑一下后果。(5) 分步计划。鼓励孩子在制订计划时，要预见到可能的障碍并考虑时机——也就是说，要考虑到问题的解决需要时间，而且在某些时间采取行动比其他时间更好。

我结合以上的方法，对孩子日常所遇到的问题进行具体分析指导，孩子现在进步了很多，上课回答问题主动了，与同学相处时能主动表达自己的想法，懂得必要时也要学会如何拒绝。看到孩子一点点进步，我也发自内心感到欣慰。

相信很多家长和孩子们也遇到过类似的情况吧，没有谁希望自己的孩子打人、欺侮和戏弄别的孩子，也没谁希望自己的孩子被别的孩子欺负。所以希望我的来信能帮助到更多的孩子们，我认为只有提高孩子自身解决问题的社交能力，才能让他们在这千变万化的社会里立于不败之地，才能更好地放飞精彩的自我！

祝：工作顺利！天天开心！

二（3）班刘经纬家长　汪平

2017 年 12 月 23 日

正确使用"赏识教育"

尊敬的寇校长：

您好！

校长在这封信中谈及关注孩子们的心理特征变化。孩子的心理特征会随着成长而变化，各个时期会呈现出不同的心理特点，掌握孩子心理，会让师生间、亲子间的沟通更顺畅、更有效。所以关注孩子的心理变化无疑是教育进步的体现。

在孩子成长过程中最重要的是保持良好的心理状态，如何能够更好地培养孩子的心理状态？我们家长要宽容地对待孩子，正确运用"赏识教育"，并不是一味地表扬和夸奖。"赏识教育"的核心内容是"承认差异，允许失败"。

在教育孩子的过程中我们尝试做如下几点：

首先培养孩子的责任感和宽容之心。让孩子去承担他自己行为的后果，一点一滴地形成负责任的态度；让孩子体会"爱"与"被爱"、"施"与"得"的情感，学会"分享"和"回报"。正所谓"海纳百川，有容乃大"，心中有爱，才会宽容对待自己和别人。

其次鼓励孩子为家庭、班级做贡献。美国学者埃德加·戴尔(Edgar Dale)的"学习金字塔"(Cone of Learning)理论指出"教别人"或者"马上应用"可以记住90%的学习内容。我们借用这个理论鼓励孩子在学校学习中帮助同学，在帮助同学的过程也能提升自己。生活中鼓励孩子自己热牛奶、收拾碗筷、洗碗、洗澡、洗脚，并让孩子尝试自己煮面条。如果碗筷没有洗干净，也不加以指责。其实孩子在做家务的过程中，不仅能获得所必需的重要生活技能，也能学会做事的条理性。当然孩子不可能把所有的事情做好，碗没有洗干净也是常有的事。面对孩子的疏忽和错误，不大惊小怪，接纳孩子的过失。俗话说"不经一事，不长一智"。这样长期下去孩子就会越做越好，越来越有责任心。

最后我们让孩子分清"精益求精"和"完美主义"的区别。"精益求精"——哪里可以做得更好，我就去做。"完美主义"是一种恐惧，它的聚焦点是“哪里不够好，整个就不好”。孩子的自尊心很强，什么事都想做好，在英语公开课上想回答出更多的问题，但能力上也许与别人还有些差别，每每碰到事情不太顺利时总是急躁、退缩、不尝试甚至情绪失控。我们耐心帮孩子分析情况，让孩子知道家长不会因为他的这次失败、错误而不爱他，小心翼翼地保护孩子的自信心。如此反复多次，力争培养孩子平和、积极向上的心态。

我们家长会一如既往地继续关注孩子的心理变化，力争让孩子及早独立应对学校、社会的种种情况。

二（4）班　方则铮家长

2017 年 2 月 28 日

正确地评价孩子

给孩子正确的评价

——回校长给家长的第43封信

寇校长：

您好！

我们家罗天毅和罗天琦两个小兄弟自从入学以来，在老师的细心指导和我们家长的积极配合帮助下，渐渐适应了学校环境、学校规章和纪律要求，学习等各种能力有了一定程度的提高。孩子们点滴的进步，与老师的辛勤教育、家校的积极配合息息相关。

一年级的数学期中测试，老师告诉我们孩子考得不是很好，有些应该掌握的题目孩子还是出错了。我们相信孩子出错肯定是有原因的，孩子学习时付出的努力也是客观存在的。我们还是给予孩子最大的肯定和夸奖，鼓励他们讲述当时做题的心理和思考过程，和孩子一起分析出错的原因，并根据孩子平时的学习情况和其中测试的错题情况，共同制订学习目标。同时，我们告诉孩子："每天进步一点点，那就是进步了一大步。"我们只希望孩子能够认真、踏实地做好每一件小事，可以不在乎结果，但必须重视过程。面对考试或作业出现错误时，帮他们分析原因，找出问题所在，共同查漏补缺，商讨改进的方向和方法，夯实基础，使他们能在以后的考试或作业中不犯类似的错误，我们认为学习的目的就达到了。

随着孩子一天天学到的知识越来越多，需要复习和掌握的知识点也慢慢增多。帮助孩子养成学习的好习惯，可以让他们事半功倍，提高学习效率。在平时，孩子回家后的第一件事，应该是完成家庭作业，尽量养成独立思考、认真完成、事后自查的习惯。起初兄弟俩对学习生活还没习惯，回家以后还是会像幼儿园时期一样，想先玩一会儿，做什么事也都不紧不慢、磨磨蹭蹭。起床、吃饭、做作业都要反复地催，花去不少时间。为了提高他们的做事效率，我们要求他们给自己设定一个时间，按时或提前完成并做好了，我们会及时给予一些表扬和奖励。通过这样的锻炼，他们做事情的效率正在慢慢提高。下一步目标是培养他们做时间的主人，要求他们合理安排自己的学习、生活时间，增强时间观念、抓住有效时间，合理规划自己的学习和学习以外的其他活动。逐步让他们明白学习不是负担，只要早完成学习任务，就可以有时间去做自己喜欢做的事。

学校为了丰富校园生活和拓展教学模式，开展了中外校际交流活动，并在我们孩子的班级开展了一次数学公开课。这堂课让孩子记忆深刻，一回到家就给我们讲起了在这堂课所学的知识，以及这堂课与平时的课有哪些不同……听到这些，作为家长的我们知道这堂公开课举办得多么有意义，让我们孩子真实感受不同文化的差异，开拓了视野，丰富了知识，提高了学习兴趣。通过这个活动，同时也让我们了解了学校课外活动的多元化和丰富性，为孩子们提供了一个开放性、跨越班级的轻松学习环境及交流互动的一个好课堂。

孩子一天天的变化，一点点的成长都离不开老师的谆谆教诲，离不开同学们的帮助，也离不开家长的辛勤付出。学校与家长互动的模式，让我们家长更深入地了解了学生在学校里的学习、生活和其他表现，融入了孩子的学习氛围。在今后的学习过程中，让我们携手努力，让孩子们更加茁壮成长。

一（4）班　罗天毅、罗天琦家长

2016 年 11 月 12 日

及时沟通　鼓励孩子

尊敬的寇校长：

您好！很高兴收到您的来信！

现在的小孩子心灵是脆弱的，承受不了太大的压力，再加上沟通不及时，就会导致不良后果。我们绝大多数家长会犯一个错误：过于注重孩子的成绩。关心孩子成绩无可厚非，但不能施加压力。应该多给孩子一些空间，尊重他们的选择，让他们自己安排，不要过分干涉，不盲目跟风，不盲目报补习班，要对薄弱科目有针对性地选择。身边同学家长把孩子的时间安排得满满的，让孩子在周末都不能得到休息。我问安琪："你认为你该报哪个补习班？"她说："我的数学成绩不太理想，就报数学吧！"我就同意了她的想法，给她报了一个数学班，和孩子商量，尊重她的选择。要让孩子把学习当成一件快乐的事情，不要千叮咛万嘱咐地步步施压，有的时候看着他们很累，甚至被压得喘不过气来。我们家长要及时找孩子谈话，让孩子放轻松点，多了解孩子的想法，让孩子有一个良好的心态，告诉他们学习是辛苦的，让他们好好享受学习的过程，充分调动孩子的积极性。让孩子严格要求自己，好好努力，激发他们的学习兴趣。有的时候，我们家长的表情、语气对孩子的伤害都是巨大的，这就要求我们家长随时随地都要注意自己的言行举止，给孩子做一个好榜样，学会鼓励孩子，及时表扬。作为家长，不要吝啬自己赞美孩子的语言，及时肯定孩子取得的进步，有时候，一句话，一个赞，一个眼神，都能让孩子感到我们对他们的认可。在日常的学习生活中，要有一双发现美的眼睛，要发现孩子的兴趣爱好，让孩子在没有压力、没有负担的氛围中轻松地学习，提高孩子的自信心。

体小教师团队是一支优秀的团队，在校领导的带领下，学校办得有声有色，取得了优异成绩！我们家长都看在眼里，为体小感到骄傲和自豪！我相信，学校会越来越好！这与体小每位老师的付出是分不开的，由衷地说一声："亲爱的老师们，辛苦了！"

最后祝所有的老师身体健康，工作顺利，生活愉快！

六（3）班杨安琪家长　杨海风

2016 年 11 月 12 日

时刻准备着迎接随时会出现的机会

尊敬的寇校长：

您好！

感谢您百忙之中给家长们的来信，通过您来信的内容，让我们了解到学校为孩子们搭建了诸多展示孩子自我的平台。孩子对英语社团的活动抱有极大的好奇心，很想参与其中，不知道如何才能成为其中的一员？

说到英国的访问团，孩子在听到这一消息的时候很是兴奋。特意向学长请教了初见外国友人的相关礼仪和礼貌用语，以备不时之需。想象着英国人是不是高鼻梁、蓝眼睛、卷头发，身材是不是高大魁梧……总之就是各种期待。当天放学回家，孩子沮丧地告诉我，没见着来访成员。看着孩子失落的表情，我只好安抚他："来访人员肯定是不希望因为他们的到访影响大家正常的学习，说不定在你认真学习的时候，来访者从你背后看到你了呢……"孩子将自己当成学校的主人，听到有来访的消息，哪怕只是一个偶遇，他也做足了充分的准备。虽然有些小小的遗憾，但让孩子明白了一个道理：只有时刻准备着，才能迎接随时会出现的机会。

感谢校长为孩子们做的一切！

祝您工作顺利，身体安康！

四（3）班樊梓茗家长　樊涛

2016 年 11 月 13 日晚

心中的期待

尊敬的寇校长：

您好！

收到您的来信，我不禁想起孩子刚刚踏入学校的时候我写给她的一封信——

亲爱的小诺：

2010年11月10日，在这个神圣的日子里，你出现在我们的家庭，自从你诞生起，你就时刻牵动着爸爸和妈妈的心。时光流逝，转眼间你就懵懵懂懂地从幼儿园踏上了小学的大门。小诺，在你入学后的一个月内，我们十分意外地收阅了来自你学校校长的信，她的责任心深深地感动了我们，作为你的爸爸妈妈，我们也希望用正确的教育方式陪伴你一起成长。

好了，言归正传，小诺，你是我们的掌上明珠，宠爱之盛愧不能言。但是，为了你的将来，我们不得不在你的成长过程中设定一些目标，比如学习成绩的标准、性格的养成、健康的保持等等。以下文字是我和妈妈对你的期望，也是爸爸妈妈对自身的要求：

一、作为你的爸爸妈妈，在学习方面，我们平时对你的督促和鼓励是十分重要的。希望能培养你学习的自觉性，让你知道学习是自己的事，不是为我们学、为老师学，让你知道“我要学”的重要性，而不是“要我学”。只有主动学习，你才会认真地、及时地完成每天的学习任务。每天的家庭作业妈妈和我都会认真督促，严格要求，做错了题目自己改，你要清楚地知道：每个人都要通过自己的刻苦努力才能获得进步。

当然，无论是你在表现优秀时受到表扬，还是在表现不好时受到批评，爸爸妈妈都会陪着你，感受你的喜悦；鼓励你，淡化你的沮丧。我们也十分愿意和你谈心，十分渴望你在任何时候对我们倾诉，我们希望成为你真正的朋友！

二、因为宠爱，目前的你有些任性、调皮，最大的问题是静不下来，坐不住，注意力不集中这些毛病。这些问题的产生可能是像你这个年龄段的小孩很难避免的，作为爸爸妈妈目前也可以坦然接受，我们深知我们的言谈举止对你的影响，我们的素养和习惯直接决定着你的成长。所以，我们在严格要求你的同时，也一定会严格自律，也会在家庭逐步营造良好的读书学习氛围，要求你做到的，我们自己首先做到，力求和你一起成长进步。我们相信，也请你相信，在爸爸妈妈的帮助下，你以前的一些毛病在很短的时间内都能改正。总之，和天下所有的父母一样，我们想把你培养成一个有知识、有修养、有能力，对家庭对社会有用的人！

三、小诺，在你很小的时候，爸爸妈妈就让你在外面参加了很多兴趣特长班，也参加了一些社会活动，我们的目的一方面是希望你有一个健康的体格，有一身优雅的气质，有良好的待人之道，同时我们也希望能培养你的社会责任感、同情心和良好的自身素质。在任何时代，具备良好的品德都能增强人的品位，提升人的品格，一个富有社会责任感和同情心的人往往会有很好的人缘，而好的人缘能让孩子在现今的社会中更好地发展。

我们让你参与这些活动，是为了从小培养你的善良、诚实、勤劳、勇敢、谦让的良好品德，这将使你在成长道路上受益无穷！

虽然你踏进小学的大门才短短一个月，但是，爸爸妈妈看着你一天天的变化，看在眼里，喜在心上。我们希望你也知道，你所取得的每一点进步都离不开老师的谆谆教诲，离不开同学们的无私帮助，也离不开爸爸妈妈的辛勤付出。

最后，我们相信，有我们的陪伴，有老师的教导，小诺你一定会健康地成长，你将成为我们的骄傲！

爱你的爸爸妈妈

相信在体小的学习生涯中，在我们家长和老师的共同配合下，孩子能成长得更好！

此致

敬礼！

一（1）班　吴佳诺家长

2017 年 10 月

要“美”还是要“完美”

尊敬的校长：

您好！我们对学校的“尚美育人”教育理念一直由衷地赞赏。但看了来信，让我们不禁陷入思考——作为望子成龙的家长，我们究竟是如何看待“美”的？我们的孩子究竟是“美”还是“完美”？

我对校长来信中的一句要“美”但不需要“完美”印象深刻。想想我们对孩子的要求，成绩优秀、有特长、懂生活、懂社交，简直是要把孩子培养成“完人”。可是“金无足赤，人无完人”却是客观事实。每个孩子都有独特的个性，这是我们经常忽视却又不容回避的事实。我们家的孩子就是一个性格内敛、胆小、抗压能力不强的小女生。但她的优势就是乖，大人说的话她都愿意听，内心也很善良，所以我们没敢对她大声呼喝，平时都以鼓励为主。

现代的学校教学比过去更贴近实际生活，孩子们需要到生活中找答案，很多数学题都是以实际生活为原型去解决问题。我觉得孩子还是太缺乏生活的经验，所以学习之余也经常带她出去旅游，丰富她的见识，让她在生活中学会解决问题。

这次期中考试，她考得不太理想，我们批评孩子的同时也在自己身上找问题。我们平时只告诉她要怎么做，但没有告诉她思路和方法。孩子付出了努力，却没能得到好的成绩，内心还是很受挫的。学校的社团活动倒是很能锻炼她的胆量和抗压能力。因此，对学校开展的各项活动我们都非常支持，也希望老师多鼓励，增加她的信心。

从教育的角度，我们固然需要向“完美”的方向努力，但作为父母，我们更希望孩子健康、快乐地成长，也应该尊重她的个性发展。孩子只要是乐观、独立、善良和勇敢的，在我们眼里就是“美”的，她就是快乐的，这才是我们的终极目标。

此致

敬礼！

四（3）班祝天心家长　张云鹂

2018年1月25日

用心去发现孩子的期望

尊敬的寇校长及各位老师：

你们好！

今天收到你们写来的第43封信，很开心，在仔细阅读后，也让我们家长深思了一番。的确在当今社会上出现了这些堪忧的现象，我们似乎在培优机构也发现了同样的问题，现在的孩子不论好坏，都要参加培优班，为的是让优秀的孩子变得更加优秀，让成绩差的孩子，通过培优，也变得优秀。在这个过程中，我们往往忽视了孩子自己的期望，让孩子感到身心疲惫。

不过，家长们的心情也是可以理解的，望子成龙是千百年来家长们的共同心愿，可是在这些所谓的美好心愿背后，我们却忽视了孩子的真实想法和感受，不管他们愿不愿意，我们总是把自己的意愿强加在他们身上，而且是以爱他为理由说服教育。

我的孩子现在读四年级，在很早之前我就给他报了培优班，平时除了要完成学校老师布置的作业，还要完成培优班老师安排的功课，每天苦不堪言，孩子经常在我面前抱怨，“平时学习任务就重，好不容易盼到周末，想好好睡个懒觉，还是忙”，“都不想读书了，读书真烦人”。由此看来孩子已经开始在讨厌学习了，作为家长，我们真的该反思了。

虽然我经常听到老师教导我们家长，成绩不能代表一切，可是想考一所好的学校，成绩却总是排在第一位，很多事情都相互矛盾着，作为家长，我们根本无力改变现在的教育体制存在的现实问题，那我们就只能通过对自己孩子学习兴趣的改造，给予他们更多的自由发展空间，有时间多陪陪孩子，多带他们出去走走看看，读万卷书，不如行万里路，我们都要学会改变。

从下学期开始，我们会多和孩子沟通商量，用心去发现孩子的期望，并合理地按照他的意愿去选择学习的项目，绝对不会强加于他。

现在我们只想对孩子说：“让爸爸妈妈陪你一起快乐地成长吧，因为你的生活中不只是有学习，还有其他的更有意义的事情，等着你去发现，等着你去做，生活是美好的，我们应该健康地去生活。”

再次祝福所有的老师生活愉快！

四（3）班　李英睿家长

2016 年 11 月 1 日

后　记

本书是继《信笺里的阳光之一——一位校长致家长的信》《信笺里的阳光之二——家长与孩子的心灵对话》之后，由家长们撰写的生动鲜活的教育案例组成的，较好的家校联系与亲子教育的书籍。整书历经近一年时间，学校做了大量工作，大力倡导家长和孩子们积极参与到此项活动中来，校长室组织研制了活动方案，教导处、班主任具体组织家长、学生开展体验式、沙龙式、培训式活动，引领学生、家长建立良好的家校联系的平台，以确保活动推进，并编写了《信笺里的阳光之三——家长的“教育经”》。

本书结构框架、选文的范围和标准由武汉市人民政府督导室督学、体育馆小学驻校专家孙安多校长和体育馆小学寇晓燕校长、庞巍书记共同制定。由体育馆小学德育主任杜佐娅组织学校家长、学生、干部组稿、审稿，从数百篇书信中精选近 80 篇，具体分工是：庞巍书记和杜佐娅主任负责全书编辑的组织工作，潘婷婷、王莉、何源等青年教师参与了整理工作。

在此，特别对本书编辑过程中付出心血和汗水，以及对此项工作给予关心与鼓励的驻校专家孙安多校长及市区各级领导、专家还有学校干部和教师深表谢忱。特别要感谢的是本书选文的作者——家长们以书信的方式探讨了儿童教育的现代性转向，形式新颖独特，具有深刻的现实意义。同时，一个个鲜活生动的教育案例流露出父母对子女的爱及孩子对父母深厚的依恋与感恩。

2018 年 3 月